FLIX SPECIAL

CONTENTS

『DUNE/デューン 砂の惑星』大特集

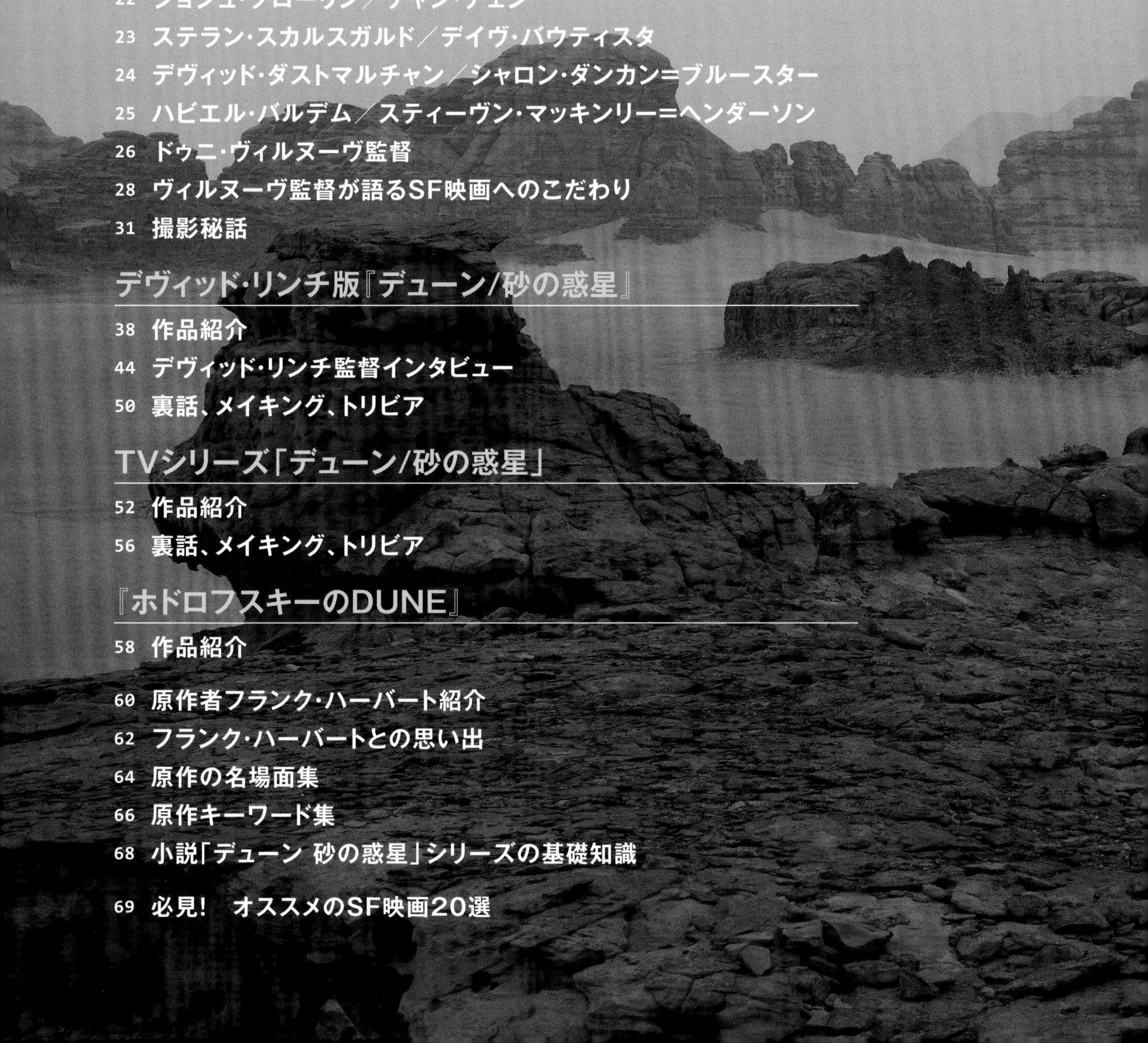

DUNE
デューン　砂の惑星

DUNE
デューン　砂の惑星

未知の世界へといざなう超大作

文＝清水 節

ベネ・ゲセリットの教母（シャーロット・ランプリング）が、ポールに精神コントロールのテストをする

惑星カラダンを統治するレト・アトレイデス公爵（オスカー・アイザック）

ポールの母レディ・ジェシカ（レベッカ・ファーガソン）

勇敢な戦士ガーニイ・ハレック（ジョシュ・ブローリン）は、ポールを鍛錬する

長引くコロナ禍は、映画館のスクリーンで映画を鑑賞することの意味を改めて問い直すことになった。暗闇の大画面でこそ味わえるその特質は「体験」や「没入感」など様々な言葉で言い表されてきたが、本格的な映像化が待望された『DUNE／デューン 砂の惑星』は、まさに未知の世界へといざなう超大作だ。

待ち望まれた本格的な映像化
美しくも苛酷な砂漠の惑星の神話

作家フランク・ハーバートが1960年代半ばに上梓した小説「デューン 砂の惑星」は、気鋭のクリエイターたちの想像力を触発し、70年代以降の数々の映像作品の端々にその影響は表れてきた。あの『スター・ウォーズ』サーガは、「デューン」の世界観の影響下で、シンプルなジュブナイル化を試みた物語だと言っても過言ではないだろう。

『メッセージ』（16）と『ブレードランナー2049』（17）という傑作SF映画をものにしたドゥニ・ヴィルヌーヴ監督にとって、愛読書「デューン」の映像化は少年時代からの悲願だった。今作の始まりは、美しくも苛酷な砂漠の惑星アラキスの描写だ。不毛な大地のもとで形成された社会や文化が、克明に描き込まれていく。そこに、人々が確かに息づくリアルな「世界」が立ち現れ、愛と憎しみ、正義と陰謀、絶望と希望が交錯する、はるか未来の一大映像叙事詩が幕を開ける。

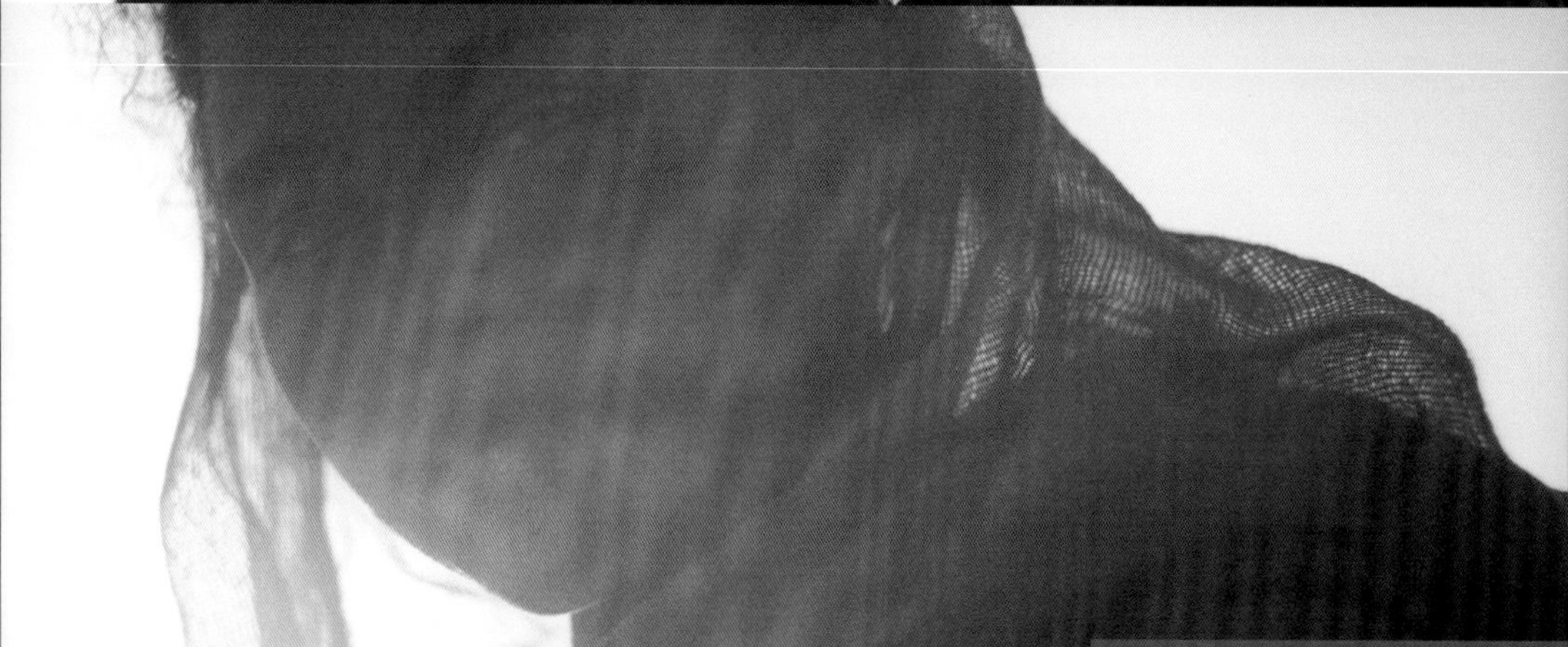

ポールの夢に現れる謎の美女（ゼンデイヤ）

アトレイデス家は皇帝シャダム4世より惑星アラキスを統治するように言われる。ポールは父親とともにアキラスを訪れる

アラキス統治の前任者ハルコンネン男爵は、レトに支配権を渡すつもりはなかった

アトレイデス家の医師ウェリントン・ユエ博士（チャン・チェン）

ただひたすら砂に覆われ、巨大生物サンドワームの出没に生命を脅かされる荒涼とした大地。通称デューンこと惑星アラキスでは、延命効果があるとされる香料メランジをめぐる争いが絶えない。砂漠の民フレメンは、腐敗したハルコンネン家の圧政に耐えながら、生態系を甦らせる夢を抱いている。そこへ、皇帝の命を受けたアトレイデス家が、新たな統治者としてやってきた。

未来が視える青年ポールの旅立ち
闘う母ジェシカの存在感が際立つ

主人公はポール（ティモシー・シャラメ）。レト・アトレイデス公爵（オスカー・アイザック）とレディ・ジェシカ（レベッカ・ファガーソン）の間に生まれ、高潔な父の座を継ぐ運命にある未熟な青年だ。未来を予見する能力が備わった彼に、やがて大いなる試練の時が訪れる。

ヴィルヌーヴ演出は、思惑が絡み合う張り詰めた空気を、厳かに描いていく。SF性を殊更に強調せず、重視するのはあくまでも人間ドラマ。人心は荒み、渇き切った世界で生ずる駆け引き、裏切り。これは気候変動の時代を生きる私たちの寓話でもあり、普遍的な黙示録だ。特筆すべきは、ポールの母ジェシカの存在感。彼女は、メンタルとフィジカルを鍛錬し、善き未来を求める修道女たちの結社「ベネ・ゲセリット」の闘士だ。いわばジェシカは、陰のヒロインと言っていい。

アラキスの権力移譲を監督する使命を任されたリエト・カインズ博士（シャロン・ダンカン＝ブルースター）

アトレイデス家の腹心ダンカン・アイダホ（ジェイソン・モモア）

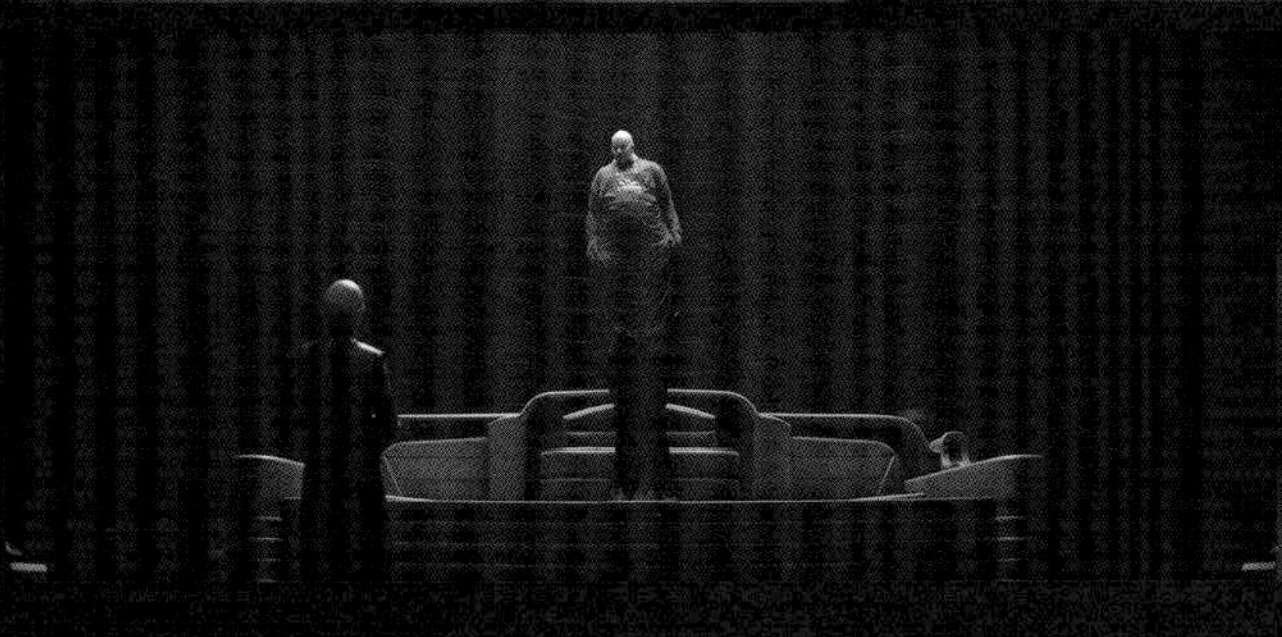

この未来にはコンピュータがない。人々は、人間的な能力を最大限に伸ばさなければならない。その設定は間違いなく、デューンの美的世界観を豊かなものにしている。演算処理は訓練されたエキスパートが瞬時に行い、知識を得るためホログラフィー装置で学ぶ。そして生き抜く上で、素手と武器を組み合わせた決死の格闘術を身に着ける。鋭利なブレードや硬質なアーマーは、中世美学的なデザインでありながら、最先端の材質と技術を感じさせる。

コンピュータなき世界を彩るもの 全編を貫く豊かな美的世界観

身体を護るシールドの表現は、実に興味深い。電磁場のようなものが光を放ってアーマーを覆い、共振するエネルギーは、手描きアニメ的な視覚効果で処理されている。

アナログの美的センスは随所にちりばめられているが、様々な形状の宇宙船もまた見事だ。人工的なメカの面影を感じさせない。卵型やチューブ型、シリンダー型などなど。それらの姿形は、まるで地層の中で形成された鉱物や自然の中で誕生した生物さえ思わせ、オブジェに抱くような驚きをもたらしてくれる。

ハーバートが鳥にインスパイアされたという、羽ばたく軍用機「オーニソプター」。それは劇中、ヘリコプターと蜂や蜻蛉が融合したかのような有機的なデザインの乗り物として登場し、観る者を高揚させる。

ポールとジェシカは砂の民フレメンのリーダーのスティルガー（ハビエル・バルデム）と出会う

ポールはフレメンの戦士チャニ
（ゼンデイヤ）と出会う

果てなき砂漠における最強のサバイバル道具。それは保水スーツ。水なきデューンの地表では、自らが発する呼気、汗、涙、尿を「水」にリサイクルするスーツによって、命を守る水分補給ができるのだ。

生死を分けるのは「水」
鍵を握るヒロインの生き様

今作はエンタメ超人作でありながら、アートとしても十分に堪能できる。ヴィルヌーヴ監督は『ブレードランナー2049』(17)でも、生死を分けるイメージとして「水」を象徴的に描いていた。新造レプリカントをめぐる羊水、海抜が上昇し海水流入の脅威に晒された都市、そしてクライマックスの水の中のバトル。

共通するモチーフはそれだけではない。ヴィルヌーヴの作品の中核には女性特有のドラマがある。『ブレードランナー2049』は、レイチェルという女性のある決意が全編を覆っていた。『メッセージ』(16)は異生命体との遭遇を通した女性に起きる内的変化を描く私的物語に収斂した。ヴィルヌーヴのブレイク作『渦』(00)では、女性が事故によって運命を狂わせていく。『静かなる叫び』(09)は、あるトラウマを乗り越える女性の物語。『灼熱の魂』(10)は、母の情念のルーツをたどる旅。『DUNE/デューン 砂の惑星』もまた、主人公を取り巻く女性たちに起きる出来事が、劇的変化をもたらす予兆を感じさせる。

登場人物紹介
Characters

レディ・ジェシカ
Lady Jessica
（レベッカ・ファーガソン）

ポールの母親。周りに流されない強い意志の持ち主。ポールとともに過酷な砂の惑星〝デューン〟で自らの運命に立ち向かう。

ポール・アトレイデス
Paul Atreides
（ティモシー・シャラメ）

アトレイデス家の後継者。〝未来が視える〟能力を持ち、全宇宙から命を狙われる。巨大な陰謀により殺された父の復讐のため、全宇宙の平和のために立ち上がる。戦士として覚醒し、アトレイデス家と惑星を率いるリーダーとして逞しく成長していく姿に目が離せない。

レト・アトレイデス公爵
Duke Leto
（オスカー・アイザック）

ポールの父親。アトレイデス家の当主として、勇ましく威厳ある姿で一家を牽引するが、陰謀に巻き込まれる。自身を向上させる大切さや、繊細さと思いやり、そして愛情と規則を、ポールに教える。高い意識と道徳心を象徴する存在。

ガーニイ・ハレック
Gurney Halleck
（ジョシュ・ブローリン）

アトレイデス家の腹心。勇敢な戦士であり、ポールをアトレイデス家の後継者として鍛錬する。

チャニ
Chani
（ゼンデイヤ）

フレメンの戦士。謎めいた美女。ポールの夢の中に現れ、ミステリアスな表情をみせる。

ダンカン・アイダホ
Duncan Idaho
（ジェイソン・モモア）

アトレイデス家の腹心。貫録ある武力でレトやポールのサポートを続ける心強い存在。

スティルガー

Stilgar

（ハビエル・バルデム）

フレメンをまとめるリーダー。倫理と道徳を重んじ、環境の保全にも注力している。

バロン・ウラディミール・ハルコンネン男爵

Baron Vladimir Harkonnen

（ステラン・スカルスガルド）

アトレイデス家の宿敵、ハルコンネン家の当主。残虐非道な手口で対戦する。

グロス・〝ビースト〟・ラッバーン

Glossu "Beast" Rabban

（デイヴ・バウティスタ）

サディスティックなハルコンネン男爵の甥であり、巨大な執行者である。どんな手段を使ってでも帝国を守ることを使命としている。

ウェリントン・ユエ博士

Dr.Yeuh

（チャン・チェン）

アトレイデス家の信頼厚い医師であり、公爵の側近でもある博士。触れるだけで怪我や病気、心理状態までも察知する。

パイター・ド・ヴリース

Piter De Vries

（デヴィッド・ダストマルチャン）

メンタート（演算能力者）で、人間コンピュータのように確率を計算することができる。ハルコンネン男爵の悪事を実行する。

リエト・カインズ博士

Liet Kynes

（シャロン・ダンカン＝ブルースター）

デューンとその人々の生活についての第一の専門家。アトレイデス家への特使としての任務を遂行している。

ガイウス・ヘレネ・モヒアム

Gaius Helen Mohiam

（シャーロット・ランプリング）

神秘的なベネ・ゲセリットの教母。予言や迷信を利用して影の立場から人類の歴史を操作する。

スフィル・ハワト

Thufir Hawat

（スティーヴン・マッキンリー＝ヘンダーソン）

メンタート（演算能力者）で、アトレイデス家の心理戦のマスターであり、セキュリティの責任者でもある。

ティモシー・シャラメ

Timothée Chalamet

ポール・アトレイデス役

「この第1部では、ポールに多くの期待が寄せられている状況が描かれる」

文＝猿渡由紀

『君の名前で僕を呼んで』『レディ・バード』『ビューティフル・ボーイ』『ストーリー・オブ・マイ・ライフ　わたしの若草物語』。この4年、ティモシー・シャラメは、高い評価を受けた話題作の数々に出演してきた。そんな彼にとって、『DUNE／デューン 砂の惑星』は、さらなるステップアップの機会を与えてくれた作品だ。

製作予算は推定1億6500万ドル。上映時間はおよそ2時間半で、そのほとんどのシーンに彼は登場する。ロケはハンガリー、ヨルダン、ノルウェー、アラブ首長国連邦などさまざまな場所でなされ、ファイトシーンもあれば、細かい感情の演技も要求された。「この撮影は、人生を変えるような経験だったよ」と、本人も認める。

彼にとっては、『デューン』そのものが新しい世界でもある。1995年生まれのシャラメは、60年代に出版された原作小説も読んだことがなく、80年代にデヴィッド・リンチが監督した映画も観たことがなかった。

「知っていたのは、そういうタイトルの本があるということくらい。でもドゥニ（・ヴェルヌーヴ監督）の大ファンだから、彼の映画は全部観ていた。それで自分がこの映画に出られる可能性があると分かると、僕はすぐに原作本を買ったんだよ。彼とミーティングをする頃までにはほとんど読み終え、それ以来、どっぷりとフランク・ハーバートの世界に浸りきっている。この物語には、いろんな要素が詰まっているよ。読んだ時には特にどうとも思わなかったのに、3ヵ月くらいしてはっとさせられたりするんだ」

だがそれらたくさんの要素の中でも一番共感できたのは、成長物語の部分だ。

「成長する上での葛藤、それに責任を背負うということ。それらは誰もが経験してきたことだよね。僕自身も、私生活でも、キャリアでも、それらに直面してきた。両親への愛、感謝という要素にも共感するよ。自分はどこから来たのか、親が残してくれたものをどう引き継ぐのかということにも、この物語は触れる。引き継ぐのは、地位や権力だけじゃない。誠実さや、世の中、人々とどう接していくのかも含めてだ。特にこの第1部では、ポールに多くの期待が寄せられている状況が描かれる。それは彼の運命なのだということが。ポールはそこにすごいプレッシャーを感じている。今作は環境問題や宗教などといったことも語るが、僕にとって一番大事だったのは、その部分だった」

期間が長い今作の撮影を、シャラメはマラソンを走っているつもりで、疲れ果ててしまわないよう意識して挑んだという。さらに撮影が始まる前には、ファイトシーンのためのトレーニング期間もあった。

「僕が映画でファイトシーンをやるのは、これが初めてなんだ。今作でやったファイトシーンについては、自分でかなり誇りに感じている。トレーニングは、撮影開始の3ヵ月前にスタートした。同時に、ジョシュ・ブローリンも、L.A.で彼のスタントダブルとトレーニングを受けていて、僕らが顔を合わせた後には、一緒にコレオグラフィーの覚え直しをする期間が少し必要だったね。さらにその後、砂漠でリハーサルをしたんだが、それはジムでやるのとはまたかなり違っていた。でも実際に砂漠でやれたのは、貴重なことだったよ。グリーンスクリーンでやるのと違って、ファイトシーンにも親密感やストーリーが、よりしっかりと表現されたと思っている」

ガーニイ・ハレックを演じるブローリンのことを、シャラメは「人生で会った中で最もナイスな人の1人」と褒め称える。彼はまた、映画で彼の父を演じるオスカー・アイザックのことも、絶賛してやまない。

「オスカーは今や僕の恩師のような存在だ。僕は以前から彼の大ファンで、とくに『インサイド・ルーウィン・デイヴィス　名もなき男の歌』は何度も観た。『アメリカン・ドリーマー　理想の代償』の彼の演技にも、すごい衝撃を受けたよ。僕はこれまでにも映画のお父さんに恵まれてきたけれども、オスカーは中でも最高だね」

そんな大好きな共演者たちと今作第2部の撮影で再会するのを、シャラメは待ちきれない。

レベッカ・ファーガソン

Rebecca Ferguson

レディ・ジェシカ役

「ジェシカとポールは、いつもお互いを完全に愛しているわけではない」

文＝猿渡由紀

『DUNE／デューン 砂の惑星』のレディ・ジェシカ役は、レベッカ・ファーガソンにとって、シンプルでもあり、複雑でもあった。

　シンプルだったのは、ドゥニ・ヴィルヌーヴ監督が、彼の持つ明確なビジョンを伝えてくれたため。だが彼があまりにも詳細なところまで考えているため、時には逆に混乱することもあったのだという。

「原作小説は、読もうとして途中でやめ、また読み始めてはやめる、という感じだった。だから、レディ・ジェシカについての知識は、すべてドゥニとの話し合いから得たと言っていいわ。最初のミーティングは1時間半ほど。そこで彼はたとえば衣裳など、とても細かいところまで説明してくれた。そのシーンで彼女はなぜその衣裳を着ているのか。それは彼女が着ているものを通じて、何かを伝えようとしているからなのよ。イギリス女王のブローチみたいなものね。彼女がどんな身のこなしをするのか、どんなふうに人の話を聞くのか、彼女がいかに静かであるのか、そういったことも彼は語ってくれた。ドゥニは、瞬間と瞬間の『隙間』も重視している。とても小さなシーンであっても、彼には思うところがあるのよ。たとえば映画の初めの方で、私が歩くシーンでも、『今、この場でジェシカは女王というより母。そしてこの大事な知らせを伝えようとしている。それが歩き方にも現れていないと』と言われたわ。私はすごく納得した」

　役の準備のために、マーシャルアーツのトレーニングもしている。とは言っても、レディ・ジェシカのアクションシーンはそれほど多くなく、トレーニングはファーガソンが自主的にやったものだ。

「『ミッション：インポッシブル』にキャストされて以来、マーシャルアーツは私にとってすごく大事なものになったの。ボクシングもね。私はそれらの練習をするのが大好き。ここでもまたマーシャルアーツのマスターに教えてもらうことができるというので、飛びついたのよ。今作で私には、特訓が必要とされるようなシーンは特にない。彼女は誰かと大きなファイトシーンを展開したりはしない。でも大きな目的を持っている彼女は、それを脅かそうとする人たちを牽制しようとする。私はそれをあらゆる形で表現する必要があったの」

　息子ポールを演じるティモシー・シャラメとは、カメラが回っていないところでも、この母子の間にある微妙な関係を意識していた。

「ジェシカとポールは、いつもお互いを完全に愛しているわけではない。だから私たちは、今、この2人がどんなところにいるのかを、現場でも常に考えて相手と接していたわ。ティモシーは、本当に優れた役者。彼には、とてもマジカルな何かがある。触れてはいけないとも言える、何かが。彼はどの瞬間においてもリアル。彼のことを、私はとても尊敬しているのよ」

　砂漠での撮影も、今作で最も思い出に残る経験だ。ロケで使われたのは、ヨルダンとアブダビの砂漠。ヨルダンは岩や洞窟などもあり、話すと声が響くような場所。一方でアブダビは見渡すかぎりの砂漠で、彼女の心に強い感動を与えている。

「アブダビで私たちが泊まったホテルは、砂漠の真ん中にあった。私の部屋の裏のドアを開けると、そこはもう砂漠なの。大気汚染がないから、星がとてもきれい。夜中、娘は部屋で眠っていて、外はとても静かで、私はカモミールティーを飲みながら、この記憶を永遠にとどめておきたいと思ったわ。あんなにただ広いところにぽつんといると、人間はいかに小さな存在なのかを思い知らされる。そして、少し謙虚な気持ちにさせられるわ」

　そう語るファーガソンは、今作の第2部の撮影でまた同じ体験ができることを強く願っている。

「自分が出た作品に順位をつけることは絶対にしたくないけれども、今作は私にとって特別な映画であることは確かよ。シャーロット・ランプリングをはじめ、共演者はみんな素敵だったし、ドゥニのことは、監督としても、人間としても、友達としても心から尊敬する。ぜひ続きを作りたいわ。そのためにも、みなさんにこの第1部を観に行っていただかないとね」

ジェイソン・モモア

Jason Momoa

ダンカン・アイダホ役

構成＝編集部　訳＝はせがわいずみ

「ものすごいスケール感で描かれた冒険映画だ」

—ダンカンを演じる上で、高潔さを表現するのにどうしましたか?

M 一番好きな俳優は三船敏郎なんだ。彼のアクション映画を観て育った。『座頭市』とかね。侍が大好きなんだ。私はこれまでずっとどの作品でもキャラクターの戦闘シーンの戦い方に侍のスタイルをにじませるようにした。相手との距離の取り方とか。ダンカンは、自分の魂を、命を誰かに捧げるのをいとわないキャラクター。私はその感覚は自分の家族にしかないけどね。演じているときに自分の子供(のイメージ)をモチベーションに使いたくないけど、この映画にはいくつかの場面で、12歳になる息子のイメージが役に立った。高潔さについてだけど……、私は青春時代にある2人の男性から強い影響を受けた経験があるんだ。それぞれ別々の時期に別々の状況だったけどね。でもその経験によって新しい世界を知った。彼らからものすごく沢山のことを学び、彼らみたいになりたいと思った。そういうのをこのキャラクターに持ち込みたかった。ダンカンは最前線で闘う戦士だけど、そういう心の余裕を持っていて、愛情や脆さも持ち合わせていることをポールに見せることができるキャラクターというのがとても気に入っているんだ。高潔さは彼の目の中に秘められているかもしれないけど、彼は冒険野郎でありながらポールのためなら命を捨てることができる心も持ち合わせているキャラクターだよ。彼は言葉よりも行動で語るタイプだ。そこに彼の脆さ、高潔さが滲み出るんだ。

—本作を観る若い観客に何を感じてほしいと思いますか?

M この作品に何を感じたかと言うと、一番好きな監督がこの映画の監督で、本作は彼の子供の頃の夢が叶った作品だ。私にとって彼と一緒に仕事をするのは夢だったから、私の夢が叶った作品でもある。ものすごいスケール感で描かれた冒険映画だよ。そういう作品は最近、とても珍しくなってしまっている。いつもだったらグリーンスクリーンに囲まれたセットだけど、実際にヨルダンのワディ・ラム(『アラビアのロレンス』をはじめとする映画の撮影場所としても知られる)に行って撮って、別の世界を描くのを実現させた。映画を観ると分かるよ。

—ドゥニ・ヴィルヌーヴはどんな監督ですか?

M 彼は自分が求めるものが何かを知っている。彼はものすごく協力的で共同で物事を進める人だよ。相手をサポートしてくれる。常に安全ネットが張られているのを確信できる現場だったから、サポートがあると感じることができた。これまで撮影中に「見事だ」いう言葉が浮かぶことはなかったけど、彼の現場ではまさにそれを感じた。充分な恐れもあったけど、それに対するサポートがあった。プレッシャーを少しでも取り除いてくれる現場環境だった。自分が作るキャラクターに入り込むことができた。なぜなら、ドゥニが正しい方向に導いているという安心感があったからね。でも同時に、俳優が望む表現をさせてくれる自由も与えてくれた。映画のストーリーに直接関係はなくても、無意識にそのキャラクターを構築するのを手伝ってくれる要素を入れ込むのもいとわなかった。

—アクション場面はかなり自由がありましたか?

M 映画の終わりの方ですごいアクション場面があるよ。原作にも描かれている場面だ。ドゥニの素晴らしいところは、何かが起きるという強い予感を感じさせる演出だよ。戦闘が始まる前、ハルコンネン家のやってくる音が聞こえて何かが起きることが分かる。メインの戦闘はまだ始まっていないけど、戦闘前のシーンが緊迫感に満ちている。で、ダンカンはその瞬間を待ち構えている……これ以上はネタバレになるから言わないよ。

—ダンカンを演じるに当たって、トレーニングをしましたか?

M 私は自分のスタントチームととてもうまく連携が取れているから、彼らがデザインしたことをやっていた。それに、この映画のアクションは以前やったこととあまり変わりがなかったよ。私はこれまでのキャリアでずっとアクションをやってきた。何年もスタントマンとしてやってきたような感じだしね。本作は、私の演じるキャラクターとポールとの間の絆を作るのが大切だと思ったから、そうした役作りに集中した。ダンカンとポールのシーンは限られていたから、ダンカンがどういう人物かを観客が分かるようにすることに重点を置いたよ。アクションはある意味、容易で、それほど難しいものではなかった。もちろん、これまでやったことがなかったカリを習ったよ。それが新しく学んだことかな。

オスカー・アイザック

Oscar Isaac

レト・アトレイデス公爵役

「レト公爵はリーダーを作るのは、権力ではなく、人々であることを知っている」

ポールの父であるレト公爵は多くの人々の指導者で、国民への義務と家族への愛に導かれている。アトレイデス家の当主として、彼は悪意よりも慈悲を、権力よりも原則を、恐怖よりも勇気を大事にするという評判を築いてきた。危機に瀕した惑星アラキスに平和をもたらすために召集された彼は、一人息子に待ち受ける危険に備えさせなければならないのだ。

　オスカー・アイザックは、レト公爵を演じている。彼は新世界への移住のために民衆を導く。アトレイデス家の名前を歴史のページから永久に消し去ろうとする悪意のある勢力が集まってきたとき、ポールを守らなければならない人物だ。

　アイザックはこの小説のファンであり、そのテーマの深遠さを理解している。

「この本は地球の寓話であり、文明の物語であり、部族や文化の相互作用を描いている。フランク・ハーバートの想像力には本当に驚かされた。これほど暗くて不気味で、これほど夢のようで、どれほど予言的なものなのか。こんな作品は他にないね」

　ヴィルヌーブ監督が新たな映画版の企画を進めていることを知り、彼に連絡を取ったという。アイザックは笑いながら語る。

「それとなく口にしただけなんだ。それから数年後、彼が自分の映画に参加してほしいと言ってきたときは、信じられないほど興奮した。デニスのように、大作で、深く、芸術的で、美しく、詩的な映画をこのスケールで作っている人はいない。もはや文学作品ではなく、小説の精神を完璧に抽出した夢幻のような作品。この映画はシェイクスピアのようにオペラ的で、特別な目的を持った子供についての物語に重厚感がある。ピュアな映画だよ」

　アイザックは、自分が演じるキャラクターの悲劇的な性質に惹かれたそうで、「彼が運命に向かって進んでいく姿には、驚かされたよ。それはとても人間的なことだと思う。どうやってそれに立ち向かうのか？　映画の最初の頃は、彼は不安を抱えていたが、楽観的で、息子に力を与えたいと思っていた。自分の主義主張に反することをするのが最も簡単な選択肢であるのに、それを選ばず、自分の子供に何を残したいのか、何を教えたいのか、どんな倫理観を伝えたいのかを考えるんだ。その考えに興味をそそられたよ」

　アイザックにとって、ヴィルヌーヴ監督はこれまで仕事をしてきた中で、最高の協力者の1人となった。

「このキャラクターをどのように表現するかを考えるとき、いつも小説に立ち返った。デニスはこのキャラクターをさらに探求することに対して、常に驚くほどオープンだった。遠くを見つめて深遠なことを言うだけの人物にしたくなかったんだ。彼は息子ととても愛情深い関係を築いている本物の父親だ。彼は本物の人間で、ベネ・ゲセリット（精神と肉体の鍛錬が目的の女性のための教育機関）でもなく、メンタート（演算能力者）でもなく、スーパーパワーを持っているわけでもない。彼はとても現実的なことに取り組んでいる。これは私たちにとって非常に重要なことで、リーダーとしての複雑さや残酷さ、困難さを備えさせるために、ポールを訓練する彼の姿を見て、観客が共感を覚えるようにしたかった。レト公爵はリーダーを作るのは、権力ではなく、人々であることを知っている。人がいなければ、力もない。レト公爵はポールに共感を与えようとしている。彼を一人前の人間にしようとしているのだ」

　アイザックは小説だけでなく、実生活や映画からもインスピレーションを得た。

「三船敏郎の映画をたくさん観た。彼には何かがある……力強くて強い人物だ」

　アイザックは、仲間の俳優たちと一緒に仕事をすることも刺激になったと語る。

「ティモシー・シャラメはとても知的な俳優で、完全に仕事に傾倒するが、楽しさもあり、気楽さもある。彼には虚栄心がない。私はとても感銘を受けたし、彼にはとても愛情を感じている。またレベッカ・ファーガソンは、良い意味で古いタイプの俳優だ。彼女はオードリー・ヘプバーンのようだし、真面目で吸引力がある。彼女はシーンで起こっていることの感情と密接に結びついていて、一緒に撮影したシーンは信じられないほどのエネルギーを持っていて、とても親近感を覚えた」

ゼンデイヤ

Zendaya

チャニ役

「ポールと出会ったとき、チャニは少し揺さぶられるのよ」

この映画で最も謎めいた人物は、ポール・アトレイデスの夢を通して観客に紹介される。彼の夢の中で、突き刺すような青い目をした若いフレメンの女性が彼の前に現れ、彼女の声で呼ばれるのを聞く。ポールはまだ理解していないが、これは夢ではなく、彼女は単なる幻影でもない。この映像は銀河の彼方にある未知の運命を示す予言なのだ。

その女性の名前は、ゼンデイヤが演じるチャニ。彼女はデューンで生まれ、自由民のやり方で育てられ、自信に満ち、反抗的で危険な戦士として惑星の荒野で成長する。チャニは、愛する人々を守るために、彼女の世界の自然の美しさを脅かそうとする外部の人間に立ち向かうのだ。

「チャニは自分の仲間を脅かす存在のポールを見張っているの。彼女は彼が味方かを判断するため監視している。彼は気づいていないけど、彼女はポールが自分の望まないことをすれば、簡単に彼を殺せるわ。もちろん、彼女は彼が自分の夢を見ていたことを知らない」

ポールはチャニの夢を見ても、彼女がどんな人なのか、あるいはこれからどんな人になるのか、その重要性をまだ理解していない。だから、友好的ではない状況で出会ったとき、2人の間には大きな緊張がある。

ゼンデイヤは、自分が原作のファンからどれだけ厳しくチェックされるかを理解している。

「筋金入りのファンとトラブルにならないように、言語の発音を学ぶのに多くの時間を費やしたわ。彼女が話す言葉は実際の言語にヒントを得たものや、映画用に作られたものもあるの。また各キャラクターの生い立ちを理解したかったんだけど、それはかなり膨大なものだった。どのキャラクターにも非常に深く詳細な歴史があり、それらがすべて絡み合ってつながっているの。特にフレメンについては、彼らの絆や、このグループが実際にどのように機能しているのか、彼らが砂漠でどのように生き延びているのかを理解することが重要だった。フレメンは水分を保持するための特殊なスーツを持っている。非常に具体的なルールやガイドライン、儀式もあるの。この全く新しい世界で重要な役割を担うキャラクターを演じるのは、とてもクールだったわ」

フレメンが持つ最も魅力的で先進的な特徴の1つは、監督が彼女に教えてくれたものだ。

「デニスによると、フレメンの人たちには男女の違いはないそうなの。同じように戦い、戦士として平等に扱われている。フレメンの中で認められるためには、とても強くなければならないの。チャニは多くのものを見てきたし、多くのことに対処してきたので、強さと冷静さを身につけていた。しかし、ポールと出会ったとき、彼女は少し揺さぶられるのよ」

とはいえ、実際はゼンデイヤは共演者のシャラメとはかなり打ち解けていて、このような寛大なチームで仕事ができることを幸せに感じていた。

「ティモシーは純粋に素晴らしくて、面白くて、陽気な人。彼もまた、撮影現場に同年代の俳優がいることに興奮していたと思うわ。それにハビエル・バルデムは素晴らしい才能の持ち主で、とても優しくて穏やかな人なのに、自然な存在感と威厳を持っていた」

監督について、ゼンデイヤは「ドゥニは、これまた信じられないほど親切な人なのよ！　彼はたくさんのことを考えてくれたわ。彼は、光、風、背景、セット、キャラクターなど、考えることがたくさんあって、いつも100万回も質問されているのに、とても冷静に、親切に、忍耐強く対応してくれた」

ジョシュ・ブローリン
Josh Brolin

ガーニイ・ハレック役

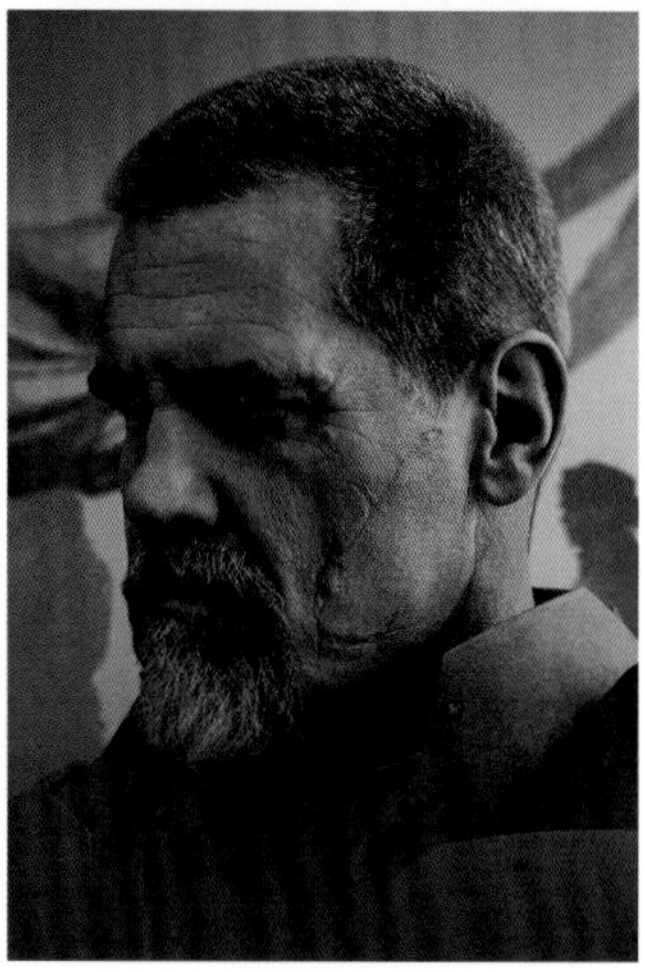

アトレイデス家には、詩人の魂を持つ反抗的な戦士、ガーニイ・ハレックが住んでおり、彼はポールが生まれたときから見守ってきた。本人は決して口には出さないが、ハレックはポールを自分の息子のように愛している。公爵家の戦争のマスターとして、戦いで鍛えられた彼は、大切なアトレイデス家を守るために必要なことは何でもする。昔ハルコンネンに奪われた自分の家族と同じ感情をアトレイデス家に持っているのだ。

ジョシュ・ブローリンは、レト公爵が信頼を寄せる助言者を、不遜で機転の利く人物として演じている。『ボーダーライン』の撮影中にヴィルヌーヴ監督と強い友情で結ばれていたブローリンにとって、本作のキャストに加わることは容易なことだった。

「この監督となら何でもやってみたいと思える監督は数少ない。デニスは自分が何を求めているのかを本当によく理解している。私は原作を少し読んだけど、デニスがこの作品を『SFと中世の融合』と表現したとき、それは非常に正しいと思ったよ。古風な話であり、しかもSFなんだ」

ハレックは戦争のマスターであるにもかかわらず、ブローリンは彼のキャラクターを主に指導者や案内人として見ている。

「彼はポールの先生であり、アトレイデス家の守護者でもある。彼は他の優れた保護者のように、常に存在しないものを探している。ハレックは厳しいけれど楽しい人で、ポールにとっては父性的、母性的な存在で、腹を割っている。彼はポールを育てるのを手伝ってきたので、彼をとても大切に思っている。どんな状況でも自分の身を守れるようになってほしいという思いから、ハレックはポールを厳しく指導するが、一方で遊び心もあるのだ。彼は詩を愛する戦士で、詩を読んだり書いたり朗読するんだ」

ブローリンは、共演者たちに畏敬の念を抱いたと語る。

「オスカー・アイザックには完全に圧倒されたよ。彼は信じられないほどの信念と集中力を持っていて、僕はこの人を心から尊敬している。ティモシーも素晴らしい才能の持ち主だ。彼はとてもオープンで、信じられないほどの集中力を持っているね。一緒にいて楽しかったし、彼の子供っぽさに対して、ベテラン俳優として楽しめたよ。また、ジェイソン・モモアは一緒にいて気持ちがいいし、彼には素晴らしい若々しさがある」

「デニスがこの作品を『SFと中世の融合』と表現したとき、それは非常に正しいと思った」

チャン・チェン
Chang Chen

ウェリントン・ユエ博士役

「この作品は意外にも人間レベルで親しみやすいフィクションであることが分かった」

ジェイソン・モモアが演じるダンカン・アイダホがあからさまな肉体的パワーを発揮する一方で、アトレイデス家の信頼厚い医師であり、公爵の側近でもあるユエ博士は、静かでありながら同様に効果的な力を持っている。長い間、自分自身と同じように一族の健康を見守ってきたユエ博士は、複雑なツボ操作を用いて、患者に触れるだけで怪我や病気が分かり、心理状態までも察知する。

チャン・チェンは、本作で初めて英語の映画に出演し、ユエ博士を演じた。

「彼の人生には多くの絶望があり、俳優にとっては複雑で悲痛な役だ。デニスはこの男の解釈を私に託してくれた」

チェンがヴィルヌーヴ監督と初めて会ったのは、カンヌ国際映画祭で審査員を務めたときだった。彼はこう振り返る。

「映画について話し合う中で、私たちには多くの共通点があることが分かった。彼が私にユエ博士を演じてほしいと言ったときは、うれしかったよ」

チェンが惹かれたのは、キャラクターだけではないと言う。

「脚本を読む前は、非常にサイバーパンクで異世界的なものを想像していたが、読んでみると、この作品が意外にも人間レベルで親しみやすいフィクションであることが分かった。舞台は未来に設定されているが、現代的なSFの世界と、人間が直面する愛、忠誠、義務をめぐる日常的な戦いが、強く並存している。私たちはみな、実際の生活の中でこれらに対処しているので、この映画に共感することができるんだ」

ステラン・スカルスガルド
Stellan Skarsgård

バロン・ウラディミール・ハルコンネン男爵役

「私がこの映画に惹かれた理由は、バロン・ハルコンネンというキャラクターだ」

ハルコンネン家は何世代にもわたってアラキスに君臨し、スパイスの収穫と流通をコントロールしてきた強大な一族だ。ハルコンネン家を統治するのは、残忍でサディスティックなバロン・ウラジミール・ハルコンネン男爵だ。恐怖と苦痛と工作によって支配する男である。彼と彼の一族は、アトレイデス家とは完全に対立しており、恐怖によって支配し、どんな犠牲を払ってでもデューンの天然資源を利用しようとしている。

この野獣のような男を演じたのは、ステラン・スカルスガルド。彼にとって、このプロジェクトに惹かれたのは、ヴィルヌーヴ監督との仕事が魅力的だったからだという。

「ドゥニと一緒に仕事がしたかった。彼はとても面白い映画監督で、常に自分の世界を創り出している。彼の映像は信じられないほど美しく、強烈で奇妙なプレッシャーを観客に与え、それに吸い込まれていくんだ。この映画は、非常に個性的な作家によって作られている。私がこの映画に惹かれた2つ目の理由は、バロン・ハルコンネンというキャラクターだ。小さな役だが、映画全体に影を落とすような強烈な存在感がある。それは悪役には必要なことだね」

スカルスガルドは原作を読み直し、その素晴らしさを再認識した。

「彼は素晴らしい宇宙を創造している。未来を舞台にしたルネッサンス文化を描くSFというのは、非常に珍しい。彼が創造した世界で最も魅力的な要素の1つは、ベネ・ゲセリット（精神と肉体の鍛錬が目的の女性のための教育機関）とその繁殖システムのコントロールなんだ。小説の中の男たちは明日のことしか見えていないが、ベネ・ゲセリットは長期的な視点から、より野心的な方法で未来を考えている」

スカルスガルドは役になるため、毎日7時間にも及ぶメイクアップを行った。

「精神的には、特殊メイクの仕事を見るのは楽しいからできるんだけどね。しかし、肉体的には大変だよ。7時間もじっとしていなければならないから。一番重要なのは顔で、これは非常に繊細な作業が必要なんだ。太めのスーツを着て、その下に冷却ベストを着て、時にはワイヤーワークのためのハーネス（安全ベルト）も着けた。顔や手につけた偽の皮膚とスーツの空間をペイントしなければならないんだ」

デイヴ・バウティスタ
Dave Bautista

グロス・〝ビースト〟・ラッバーン役

「ラッバーンは何も恐れないが、叔父だけは別だ」

デイヴ・バウティスタが演じるのは、グロス・〝ビースト〟・ラッバーン。ラッバーンは、自分やハルコンネンの名に一度でも背いた者は、二度と生きられないようにする。『ブレードランナー２０４９』での成功を受けて、ヴィルヌーヴ監督との再共演を望んでいたバウティスタは、「デニスが個人的に電話をかけてきて、この役をオファーしてくれたんだ。僕は俳優としての地位を確立するために一生懸命働いてきたので、ドゥニのような優秀な人物から個人的に電話をもらったことは大きな意味があった」と語る。

また、ストーリーにも魅力を感じていたようだ。

「美しい作品だった。小説の内容に忠実であることが気に入ったよ。デニスが本当にこの作品のファンで、もしかしたら少し夢中になりすぎているかもしれないことが分かった。彼の監督スタイルは、この物語に完璧にマッチしていると思う。この映画は、あるべき姿を表現している」

バウティスタは、ラッバーンというキャラクターを異例の方法でアプローチしたことを明かす。

「デニスと話をする前に、ラッバーンが誰なのかという先入観を頭の中に入れたくなかった。彼はビジョンを持っていると思っていたからだ。衣裳合わせやメイクアップ・テストの初日に、そのことを彼に話したんだが、彼もよく分かっていなかった。撮影が始まってから、ラッバーンという人物を明確にしていった。デニスは、私の演技を的確にピックアップしてくれて、私の中からキャラクターを引き出してくれた。私がデニスと仕事をするのが好きな理由は、彼が演技を大切にする監督だから。私たちは一緒にラッバーンというキャラクターを発見したんだ」

バウティスタは、このキャラクターには1つだけ弱点があることを認める。

「ラッバーンは何も恐れないが、叔父だけは別だ。彼は叔父を尊敬していて、叔父を喜ばせるためには何でもするが、ハルコンネン男爵はラッバーンを自分の大きなゲームの駒のように見ているのだと思う。2人は親戚だけど、そこには愛情はなく、男爵が重要視するのはすべてはビジネスだということだけだ」

デヴィッド・ダストマルチャン

David Dastmalchian

■■■

パイター・ド・ヴリース役

「私がこれまで演じた中で最も挑戦的なキャラクターの1人なんだ」

メンタート（演算能力者）が滞在している王室は、アトレイデス家だけではない。デヴィッド・ダストマルチャンが演じるパイター・ド・ヴリースは、スフィル・ハワト（公爵家の演算能力者）と同様に、人間コンピュータのように確率を計算することができる。しかし、ひねくれ者のド・ヴリースは、その狡猾さと毒舌で、ハルコンネン男爵の悪事を実行しながら、ライバルであるハワトの一歩先を行き、権力者の家同士の絶え間ない心理戦のゲームを繰り広げる。

『プリズナーズ』でヴィルヌーヴ監督と仕事をしたことがあるダストマルチャンは、このプロジェクトに参加できることに興奮していた。

「ドゥニと仕事をすることは、俳優としての大きな喜びの1つなんだ。監督はキャラクターのさまざまな側面や、キャラクター間の関係性を見つけることに長けている。この映画のように、彼の映画に対するビジョンが無限であることも大好きだ。俳優として自分が行けるとは思わないような場所に連れて行ってくれる。私は10代後半に『デューン 砂の惑星』を読んだが、非常に深遠な文学作品であり、私に大きな影響を与えた。この役をもらったとき、原作に戻って、パイターのどこが恐ろしくて興味をそそられるのかを探り始めた。パイターは間違いなく私がこれまで演じた中で最も挑戦的なキャラクターの1人なんだ」

ダストマルチャンは、このキャラクターを「主人であるハルコンネン男爵に堕落させられた、歩く、生きる、呼吸するコンピュータ」と捉えている。

「パイターと男爵の関係は興味深い。ハーバートの小説のすべてがそうであるように、それはとても複雑で、多くの層と側面がある。男爵はパイターを徹底的にねじ伏せ、完全にコントロールしている。パイターは男爵に献身的に尽くすが、同時に男爵を恐れ、憤慨している。デニスはこの緊張感を探りたかったようで、それは私にとってエキサイティングなことだった」

ダストマルチャンは役作りのために、原作に没頭した。

「デューンの世界にはコンピュータが存在しないので、コンピュータが私たちの生活の中でどのような役割を果たしているのかや、その代わりに人間がどのような役割を果たせるのかをよく考えた。パイターは人間的な感情を持たない部分が多いので、彼の皮膚に入り込み、彼がどう動くのかを理解するのはとても難しいことだった。そこで私は、病的な社会の病質について多くの研究を行い、それがとても役に立った」

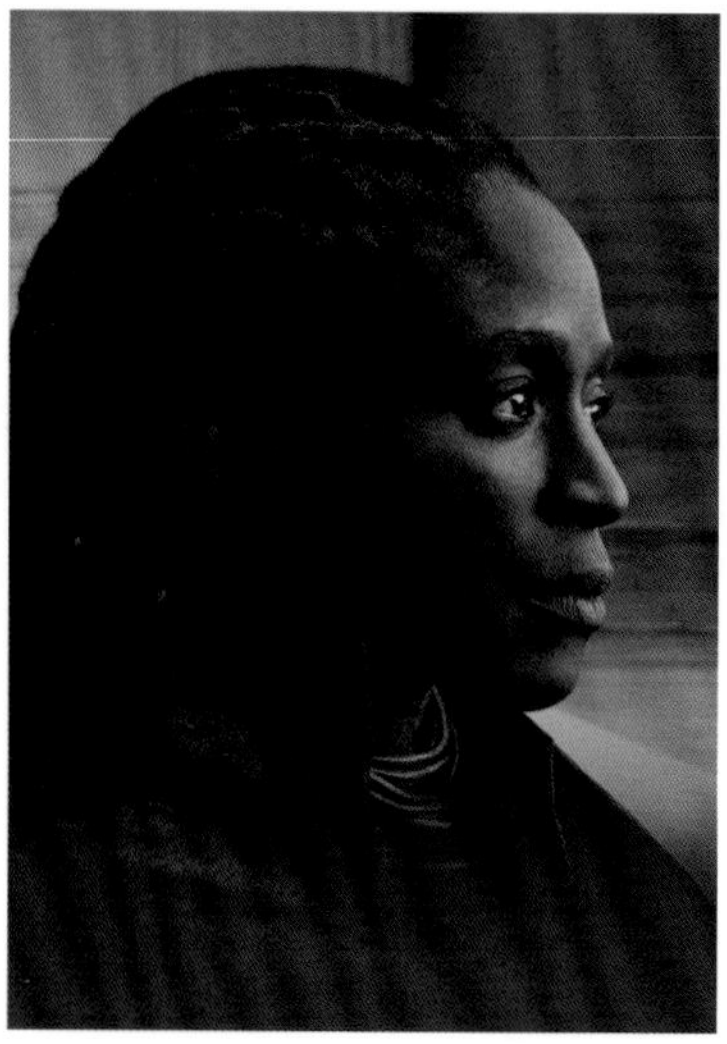

シャロン・ダンカン＝ブルースター

Sharon Duncan-Brewster

■■■

リエト・カインズ博士役

「現在の私たちを映し出す鏡のような作品に仕上げることができた」

アトレイデス家に手を差し伸べるフレメンのメンバーは、スティルガーだけではない。リエト・カインズ博士は、デューンとその人々の生活についての専門家であり、この惑星との関係は単なる任務の範囲を超えている。アラキスの権力移譲を監督する使命を帯びた帝国の部外者である彼女は、アトレイデス家への特使としての任務を遂行しているが、惑星の住民や土地の野生の美しさの両方と精神的なつながりを持っているため、複雑な状況になっている。

小説ではカインズは男性だが、ヴィルヌーヴ監督とプロデューサーは女優のシャロン・ダンカン＝ブルースターを起用した。この変更はフランク・ハーバートの小説に敬意を払いながらも、映画の中でより多くの女性を表現したいと考えたことによる。女性が大きな力を持つ社会を創造した原作者ハーバートが認めたであろう方法で、女性の役を追加する絶好の機会だと監督たちは考えたのだ。

「この物語では全体的に男性が多く、メインの女性キャラクターは3人しかいないの。そこで、もう1人強い女性を加えることで、世界と映画に素敵なバランスを与えることができると思うわ」

登場人物の性別にかかわらず、女優はカインズをリサーチした。

「いくつかの秘密を握っているということで、大きな力を持っている人物なの。層を剥がして彼女の性質の各部分を掘り起こしていくと、文化、デリケートな社会生態系、政治など、すべてを封じ込めてコントロールしなければならないというプレッシャーにさらされていることが分かってきた」

オーディオブックを聴くなどして掘り下げれば掘り下げるほど、この小説を脚本化することがいかに大変な作業であったかがよく分かったと語る。

「デニス、ジョン、エリックの3人は、最も重要な要素をすべて映画の中に盛り込みながら、非常に人間的で、現在の私たちを映し出す鏡のような作品に仕上げることができたと思うの」

ハビエル・バルデム

Javier Bardem

スティルガー役

「スパイスはデューンの世界では、現代の世界における石油のようなものなんだ」

フレメンはハルコンネン家によって迫害され、絶滅させられた。彼らは乾燥した惑星の地表を捨て、地中で生活しているが、他の人々はスパイスのために砂を略奪している。愛する砂漠の支配者であるスティルガーは、アラキスの神秘的な青い目をした部族の守護者たちの生活と文化を守るためなら何でもする。

ハビエル・バルデムはスティルガーを演じる。彼のキャラクターを例えるならば、地球の天然資源を守ろうとする人々の惑星間バージョンの感じだ。

「スパイスはデューンの世界では、現代の世界における石油のようなものなんだ。誰もが手に入れるために戦い、殺し合いもする。国家を作り、互いに侵略し、争う原因となるものだ。本作では、すべての惑星がアラキスとそのスパイスを手に入れようとしている。そのために、スパイスを排除しようとするフレメンは追われ、迫害され、絶滅寸前にまで追い込まれるんだ」

しかし、彼らにも力がある。

「フレメンはまた、サンドワーム（砂虫）をコントロールすることを学んだ唯一の人間でもある。この巨大で攻撃的な生き物は、あらゆるものを破壊することができ、戦争の強力な武器となる。そのため、侵略者たちはフレメンを支配したいと思うようになったんだ」

アラキスではレト公爵が権力を握っており、アトレイデス家にはハルコンネンの脅威の影が迫っている。賢くて消極的なフレメンのリーダーは、平和に似たものを求めてレト公爵のもとを訪れる。そこで彼はポールの中に特別な何かを見出し、アトレイデス家との不穏な同盟に同意することになった。

「スティルガーは戦士であり、非常に強力な男であるが、心配性でもあり、次の世代の未来を心配している。彼は人々が生き延びるために、より能力の高い、緑豊かな惑星を望んでいる。だから、彼は強い男であり、生き残っているにもかかわらず、素晴らしい心を持っていて、自分がいなくなった後にいる遠い未来の人々のために行動するんだ」

バルデムはスティルガーのキャラクターを作り上げる際に、原作からインスピレーションを受けた。

「小説にはアラビア語やヘブライ語の影響が多く含まれているので、キャラクターにはベドウィン族（砂漠に住むアラブ遊牧民族）やトゥアレグ族（サハラ砂漠に住む民族）の要素を取り入れたいと思った。彼が生まれたときから砂漠に属していて、彼の祖先もそうであるかのように見せたかった。彼は、追われ、迫害されてきた人々の重荷を背負っている。スティルガーは、戦士、戦闘員、思想家、指導者が見事に融合しているんだ」

スティーヴン・マッキンリー＝ヘンダーソン

Stephen McKinley Henderson

スフィル・ハワト役

「この物語は結局は我々が住む世界を描いたメタファーだからね」

アトレイデス家の王室で重要な仕事を担当している要人が、心理戦のマスターであり、セキュリティの責任者でもあるスフィル・ハワトだ。彼はメンタート（演算能力者）と呼ばれる、高度な訓練を受けた戦略家であり、その頭脳はスーパー・コンピュータのように無限の処理能力を持っている。ハワトは原因の究明や戦略効果の名人であり、すべての可能性のある結果を見通すことができ、計画中のすべての戦略を解き明かすことができる。目に見える、そして目に見えない脅威からポールを守ることができるのだ。

スフィル・ハワトを演じるスティーヴン・マッキンリー＝ヘンダーソンは、監督からのオファーを喜んだと同時に困惑した。

「デニスから電話で進行状況を聞いたとき、『ああ、素晴らしい！』と思った。その後、このキャラクターがメンタートであり、それが何を意味するのか、脳を中心としたキャラクターであることを知ったとき、『じゃあ、なぜ私にそんな役をやらせるのか？ 私には情熱があるのに！』と思っていた。彼の哲学や本能は知的なものだが、アトレイデス家の人々と長い間一緒に暮らし、働いてきたことで、祖父を知っているポールに対して真の愛情を抱くようになった人物だと気づいたんだ」

マッキンリー＝ヘンダーソンは、自分が好きな小説の中に、このキャラクターへの別の道を見つけた。

「私がメンタートに共感できたのは、彼の能力の1つが写真のような記憶力を持ち、不思議なほど点と点を結びつける能力を持っていることだった。アーサー・コナン・ドイルのファンとしては、シャーロック・ホームズと彼の推理力を思い浮かべることができ、それが私にとって大きな基盤となった」

また、マッキンリー＝ヘンダーソンも、この物語に強い共感を覚えたという。

「ここで描かれている貢献や運命の本質などすべての概念に打ちのめされたよ。この物語は他のキャラクターが単に主人公に仕えていくものではない。彼らはポールのためだけに存在するのではないんだ。キャラクターたちは観客に貢献や運命の本質などすべてを経験させるために寄与するんだよ。この物語は、結局は我々が住む世界を描いたメタファーだからね」

ドゥニ・ヴィルヌーヴ監督

Denis Villeneuve

文＝猿渡由紀

「これは僕にとって最もパーソナルな作品。僕の最高作であるとも思う」

ジョージ・ルーカスをはじめ、数多くのアーティストに影響を与えてきた大傑作小説「デューン 砂の惑星」。だが、映像化への道のりは、長く、険しかった。

70年代にはアレハンドロ・ホドロフスキーが権利を買い、10時間の作品にするプロジェクトを立ち上げるも、挫折。１９８４年には、大物プロデューサー、ディノ・デ・ラウレンティスが『エレファント・マン』を大成功させたばかりだったデヴィッド・リンチを監督に起用して長編映画化したが、ファイナルカットの権利をもらえなかったリンチにとっては非常に不本意な映画になった上、興行的にも失敗に終わってしまった。

それから何年もして、パラマウントが権利を取得すると、ピーター・バーグやピエール・モレルに監督の声がかかる。だが年月ばかりが過ぎ、パラマウントは、ついに映画化権を手放すことに決めた。

子供の頃からこの小説のファンだったドゥニ・ヴィルヌーヴは、その間、「そういったさまざまな監督の名前を聞いては嫉妬していたよ」と、振り返って笑う。

「本作を監督することは、僕のビッグな夢だったんだ。10代のはじめに初めて読んだときから、あの本は僕の人生にとってすごく大切な存在であり続けた。それに、過去に映像化されたものは、僕が本で読み、思っていたものとは違っていたんだよ。たとえばピーター・ジャクソンの『ロ

profile
1967年10月3日生まれ、カナダ・ケベック出身。ケベック大学卒業後、98年に"August 32 on Earth"で監督デビュー。続く『渦』(00)でベルリン国際映画祭の国際批評家協会賞を受賞。その他の監督作は『静かなる叫び』(09)、『灼熱の魂』(10)、『プリズナーズ』『複製された男』(13)、『ボーダーライン』(15)など。『メッセージ』(16)で第89回アカデミー賞作品賞、監督賞にノミネートされる。17年にはカルトSF映画『ブレードランナー』の35年ぶりの続編『ブレードランナー2049』を監督する。

ード・オブ・ザ・リング』を観たときは、心底感動し、これ以上に素晴らしい映像化はないだろうと思った。これをまた作り直す必要などないと。でも『DUNE～』は、原作の精神に近いものを作るべきだと感じたんだ。もし自分でないとしても、誰か別の人がやるべきだとね。あまりにも美しい物語だから」

　そんなヴィルヌーヴに待ちに待ったオファーをかけてくれたのは、パラマウントが手放した後に映像化権を取得したレジェンダリー・ピクチャーズだった。しかも、彼は競争が激しいに違いないはずのこのプロジェクトを獲得するにあたり、必死に自分のアイディアを売り込むことをしなくてもよかったのである。

「その頃、僕はあるインタビューで、僕の夢は『DUNE～』を作ることだと話したんだ。ちょうど権利を取得したばかりだったレジェンダリーのメアリー・ペアレントとケイル・ボイターは、僕に声をかけてくれて、僕は彼らのオフィスを訪れた。そのミーティングは、僕の人生で最も短いミーティングになったよ。『あなたはこの映画を作りたいのですよね?』と聞かれて、僕は『あなたたちもですよね?』と答えて、『じゃあ、一緒に作りましょう』となったんだ(笑)。それで終わり。素晴らしいタイミングの一致だった。僕らは、同じときに同じ作品を作りたいと思い、しかもお互いと一緒にそれをやりたいと思ったのさ」

　2部作にするということも、トラブルなく決まっている。たしかに『ロード・オブ・ザ・リング』のような成功例はあるものの、お金のかかる作品である場合、最初から2部作、3部作にすると決め、1話目を完結しない形で終わらせるのは、大きなギャンブルだ。1話目の映画がヒットしなければ、そこで終わってしまう。たとえば『ライラの冒険　黄金の羅針盤』や、ハリウッド版『ドラゴン・タトゥーの女』がその運命に見舞われている。

「それに関しては、みんなの意見が一致した。この話はとても奥が深く、中身が濃いと、みんなが理解していたからね。『DUNE～』は、ディテールがすべて。ディテールがたくさんある。ディテールがストーリーに息吹を与える。だから僕はこれを2部作にしたいと考え、ほかのみんなも納得してくれたのさ」

　ディテールをしっかり描写するのと同時に、ストーリーそのものを分かりやすく語ることにも留意した。リンチの映画と比べても、今作は話をフォローしやすい。

「今作を映像化する上での最大のチャレンジは、物語が複雑だということ。フランク・ハーバートは、文化を細かく描き、それぞれの文化のかかわりについても語った。バックストーリーがたくさんある、あまりに豊かな世界だから、スクリーンに持ち込むのは困難なんだよ。観客が知るべきことがたくさん出てくるんだ。

僕はそれをできるだけ近づきやすい形で語ろうとした。それで、脚本の執筆にはとても長い時間をかけている。共同執筆家のエリック・ロス、ジョン・スパイツと一緒に、僕は原作の精神にできるだけ寄り添い、原作のもつ詩的な美しさをとらえようと努力したんだ」

　物語の重要な舞台となるのは、砂漠。砂漠自体を重要なキャラクターと考えるヴィルヌーヴは、グリーンスクリーンではなく、実際に砂漠のあるところへ行ってロケをすることに強くこだわっている。

「砂漠はそれ自体が重要なキャラクターである上、登場人物たちや僕ら作り手に影響を与える存在でもある。砂漠をCGでやらないということを、僕は最初から条件にしていたんだよ。僕らはみんな、大自然からインスピレーションを受ける必要があった。そもそも原作は自然を観察すること、自然を愛することから生まれたんだ。僕らもハーバートと同じ姿勢でなければならない。僕は、できるだけ大自然に近づこうとした。そして観客にも、自分がそこにいるのだと感じてほしかった」

　主人公ポール役に抜擢したのは、現在25歳のティモシー・シャラメ。原作ではもっと若い設定なのだが、リンチのバージョンに主演したカイル・マクラクランも、当時、今のシャラメと同年齢だった。シャラメの仕事ぶりにも、彼と共演者が作り上げた家族のような雰囲気にも、ヴィルヌーヴはとても満足している。

「ティモシーは、責任を背負わされた20代はじめの青年の気持ちを、完璧に表現してくれた。このビッグなスケールの映画の中で、とても繊細なことをやってくれたんだ。そのことには本当に感心させられたよ。映画は、常に彼の表情を追う。彼の演技はとても重要。ポールの役は、集中力と多くのエネルギーを必要とする。彼がオスカー(・アイザック)やジョシュ(・ブローリン)と共演する様子を見るのも素敵だったね。ティモシーがオスカーの大ファンだったのは知っていたが、オスカーやジョシュは寛大な俳優だし、外から見ていても、そこにはとても美しいシナジーがあったんだ」

　コロナ禍という誰もが不安だった時期をなんとか乗り越え、今作はようやくこの秋、全世界で公開される。そのことに、ヴィルヌーヴは強い感慨を覚える。

「僕らはみんな、これから何が起こるのか分からないという難しい時期を経験した。そんな中で映画は完成した。だけど、いつ人々に観てもらえるのか分からなかった。でも、僕はこれを作らせてもらえたことに強く感謝している。これは僕にとって最もパーソナルな作品。最も大規模な作品だけど、奇妙なことに、パーソナルな作品でもあるんだ。僕の最高作であるとも思う。今ようやくそれをみなさんと分かちあえることを、とても楽しみにしているよ」

Abaca/アフロ

ドゥニ・ヴィルヌーヴ監督が語る SF映画へのこだわり

文＝渡辺麻紀

ドゥニ・ヴィルヌーヴは穏やかで優しそうな雰囲気だ。饒舌ではないが、言葉を1つ1つ吟味しながら答えてくれる。カナダのケベック州出身でフランス語が母国語だから、英語でのインタビューの場合、そうなってしまうのかもしれないが、それでもアグレッシブでやり手、という感じではまったくない。

ところが、面白いことに、監督作はそんなイメージとは相反するものばかりだ。恐ろしい運命を突きつける『灼熱の魂』(10)、父親の狂気に焦点を当てた『プリズナーズ』(13)、そして、国境地帯の真実をあぶり出した『ボーダーライン』(15)……どの作品もその物腰からは想像できないハードっぷり。つまり、優しく見えても根性は座っている。違う言い方をすれば、野心を秘め自分がやりたい作品が分かっているに違いない。そうでないと、『メッセージ』(16)、『ブレードランナー2049』(17)、そして『DUNE／デューン 砂の惑星』という極めてハードルの高いプロジェクトを続けざまに3本も手掛けるようなことはしないはずだ。ということは、すべてが自分の本当に作りたい映画だったから、チャレンジするしかなかったということになる。それは、本人のこの言葉からも明らかだ。

「私が好きな映画は、何かに挑んでいるもの。何か未知のものを見て、自分がめまいを起こしてしまいそうな、高所恐怖症になったような、そ

「私が好きな映画は、何かに挑んでいるもの」

んな作品が好きなんだ。だから、自分が監督する場合も、未知なるものに対して扉を開けるような、そんな強さをもった作品を作りたいと思っている」

つまり、「何かに挑んでいるもの」が『灼熱の魂』であり『プリズナーズ』であり『ボーダーライン』。そして、「未知なるものに対して扉を開けた」のが『メッセージ』であり『ブレードランナー２０４９』なのである。

それにしても面白いのが、ハードルの高い３本すべてがＳＦだというところだ。

「『灼熱の魂』を撮ったあと、ハリウッドからさまざまな映画のオファーを貰うようになったんだけど、そのときいつも言っていたのが『僕はＳＦを作りたいんだ』ということだった。ＳＦは製作費がかかる場合が多いからハリウッドじゃないと作れない。それに、世界を丸ごと創ると言うのは、とてもチャレンジングだから。でも、その甲斐があったのか、あるときテッド・チャンの『あなたの人生の物語』の話が舞い込んできた。原作を読んですごく魅了され、これは絶対、作りたいと思ったんだ」

この言葉は『複製された男』のとき。丁度、『あなたの人生の物語』が彼の手によって映画化されるというニュースが流れたあとのインタビューだったので、詳しいことを尋ねてみたところ、こんな答えを返してくれたのだ。

考えてみると、その『複製された男』もジョゼ・サラマーゴの原作以上に不思議がプラスされていると聞く。とりわけ重要なのが原作にはないクモの存在だ。

「観客には一種の謎解きに参加して貰いたかったからクモのイメージを入れてみた。私はパズルのような映画を作ってみたかったので、これでひとつの夢を果たしたことになる」

本作では街をのし歩く巨大クモ、秘密クラブで踏みつぶされそうになるクモ、さらにはもっと驚かされるクモも登場する。それらの1つのヒントになっているのが、主人公が訪れるビデオショップに貼れたＳＦ映画のポスター。何と、50年代に作られたキワモノＳＦ『妖怪巨大女』(58)なのである。これをヴィルヌーブは「このポスターはとても重要だった。だから使用料を払ってまでも絶対に見せたかった」

『メッセージ』

© Paramount Pictures/Photofest/Zeta Image

カナダで撮ったフランス語映画の『渦』(00)にも喋る魚が登場し、今度はクモ。が、このあたりからＳＦ的なアプローチがより顕著になっているのは確かで、その後、『あなたの人生の物語』で彼のＳＦ心が露になったと言っていいのかもしれない。

「『あなたの人生の物語』は原作もよかったが、脚本もまた素晴らしかった。映画化の話を貰ったのが、初めてアメリカで撮った『プリズナーズ』の撮影最中で、そっちを気にしつつ、この難しい原作をどうやって映画というメディアに移し替えればいいか、その手法が見つからず困っていたんだ。そんなときに、エリック・ハイセラーの初校が届いた。素晴らしい脚本だと思ったよ。短い物語から映画的なドラマ構造を見事に創り上げていたから驚いてしまった。彼の脚本を読んで、これならいけると確信を持ったんだ」

また、同じように『ブレードランナー２０４９』についても、ハンプトン・ファンチャーとマイケル・グリーンの脚本の素晴らしさを讃えている。

「脚本はパーフェクトである必要は

『ブレードランナー2049』

まったくなく、私にインスピレーションを与えてくれるかどうかが重要。私にとって、自分がストーリーと親密な何かを見つけられるかが、とても重要になる」

ヴィルヌーヴにとっては原作の魅力に加えて、脚本の存在も同じように大きい。だからなのか、『DUNE／デューン 砂の惑星』には、『フォレスト・ガンプ／一期一会』でアカデミー脚色賞を受賞した名ライター、エリック・ロスが参加している。

それにしても、なぜSFなのか？ 彼の好みを訊くと、SF系のものが多い。好きな小説を訊くとフランク・ハーバートの「デューン 砂の惑星」をあげ、好きな映画を尋ねるとスタンリー・キューブリックの『2001年宇宙の旅』（68）とリドリー・スコットの『ブレードランナー』（83）だという。バンドデシネやコミックへのこだわりも強く、もちろん子供の頃は『スター・ウォーズ』が大好きだったと告白する。

『2001年宇宙の旅』に対しては「監督を目指す人間で、『2001年宇宙の旅』の影響を受けていない人を探すほうが難しいと思う。詩的な力があり、複雑さとシンプルさが同居している。美術的にとても純粋だと思う」と言い、『ブレードランナー』には「未来はこうなるんだと、初めて感じさせてくれたSF映画だった。まるでタイムマシンに乗って未来へ行ったような感じ。もっとも惹かれたのは、作品がもっているメランコリーだ。『2001年宇宙の旅』同様、僕の世代でこの映画の影響を受けていない監督はいないだろう」と言う。

ここで気になったのは『ブレードランナー』で惹かれた部分が「メランコリー」ということ。なるほど、『ブレードランナー2049』がレプリカントの刑事オフィサーK（ライアン・ゴズリング）の自分探しの旅に焦点を当て、オリジナルより圧倒的にメランコリーになっていた理由は、ヴィルヌーヴのこういう好みが大きく反映されていたからなのかもしれない。

また『ブレードランナー2049』にはキューブリックの影響も大きい。たとえばデッカード（ハリソン・フォード）がイヌと暮らしていた、砂に埋もれたようなホテル。あれはどう見てもキューブリックの『シャイニング』（80）に登場するお化け屋敷、オーバールックホテルだろう。ヴィルヌーヴ自身も「古いクラシックなホテルを作る必要に迫られると、やっぱりキューブリックが出てきてしまう（笑）。こういう場所に1人で住むと狂気に囚われるという設定なのだからなおさらだ」。砂に埋もれた建造物には『時計じかけのオレンジ』（71）を連想させる裸の女性像も登場する。さまざまな彼の映画の記憶が自作に散りばめられているようだ。砂に覆われた街という設定も、もしかしたら彼の頭のなかにはハーバートの小説があったのかもしれない。

ところで、ヴィルヌーヴはその『DUNE～』で強調したかったのは「女性たち」と答えている。とりわけ興味をもっているのが、謎めいた修道女組織ベネ・ゲセリットだという。彼女たちは厳格な規則のなかで自己鍛錬を続ける女性たちで、そのイメージはまさに「強靭」。『灼熱の魂』の母親を筆頭に、ヴィルヌーヴの作品に登場する女性たちのほとんどが強く、『複製された男』の妊婦でさえも、その強さをもっていた。しかもヴィルヌーヴは、この映画版のスピンオフとして、ベネ・ゲセリットを描いたTVシリーズを企画しているという。この女性のイメージについて彼は「それが私の女性観だと思う」。そして「女性は強さゆえに恐ろしいときがある」と言っている。強さだけではなく恐ろしさも描こうとするところが、ヴィルヌーヴらしい解釈なのかもしれない。

最後に、SFの醍醐味を尋ねてみるとこんな言葉を返してくれた。「優れたSFは時代を映し出す鏡だとよく言われるが、それには大賛成する。普通なら描けないこと、表現しづらいことをより深く掘り下げられるのはSFだから。それこそがSFのダイナミズムだと、私は思っている」

ヴィルヌーヴがSFに惹かれるのはおそらく、このダイナミズムのせい。チャレンジャーでもある彼にとっては、ぜひとも挑んでみたい要素なのだろう。

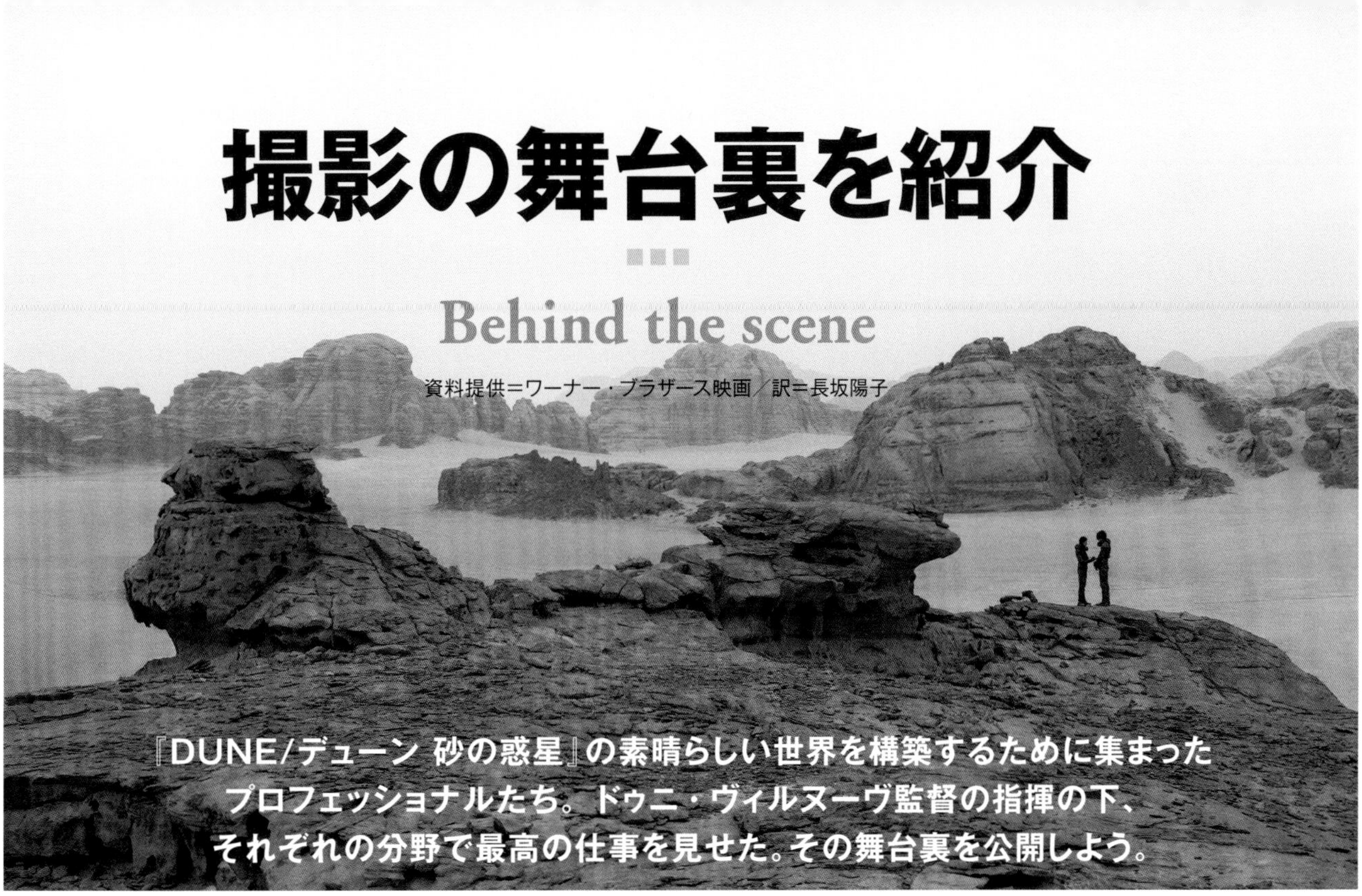

撮影の舞台裏を紹介

Behind the scene

資料提供＝ワーナー・ブラザース映画／訳＝長坂陽子

『DUNE/デューン 砂の惑星』の素晴らしい世界を構築するために集まったプロフェッショナルたち。ドゥニ・ヴィルヌーヴ監督の指揮の下、それぞれの分野で最高の仕事を見せた。その舞台裏を公開しよう。

独特なビジョンを表現するために可能な限り実際にカメラで捉える

　惑星アラキスは無限に広がる地平線と荒涼とした美を備えた広大な砂漠の世界である。ヴィルヌーヴ監督の持つ独特なビジョンを表現するため、撮影監督のグレイグ・フレイザーとプロダクションデザイナーのパトリス・ヴァーメットをはじめとするクリエイティブチームは、可能な限り多くのものを実際にカメラで捉えるように努めた。つまりCGのためのグリーンスクリーンを使わず、ハンガリーのブタペストにあるオリゴ・スタジオのサウンドステージ（防音スタジオ）と野外撮影所での撮影、ヨルダンでのロケ、そして完成までの最後の約1週間はアブダビで監督の理想とするデューンを地球上に作りだした。

　オリゴ・スタジオで制作されたセットには、本作の冒頭部分で出てくる惑星カラダンの建物内部の様子も含まれていた。レディ・ジェシカと牧師マザー・モヒアムが、ポールの将来について話し合う広大な図書館や、アトレイデス家が住む住居などがそれである。またハルコンネン男爵が最初に登場するシーンに使われた巨大なオイルバスのあるバスルームも作られた。また惑星アラキスにオーニソプターが着陸する場面など、屋外のシーンはブタペストの野外撮影所で撮られた。約1000人のエキスパートたちがこの映画のスタッフとして集結した。

『複製された男』『プリズナーズ』『ボーダーライン』『メッセージ』などでヴィルヌーヴとタッグを組んできたプロダクションデザイナーのパトリス・ヴァーメットは、この作品の製作が夢のような仕事だったと語る。

「カナダのフランス文化圏ではこのような映画は作られない。だからこのような映画に誘われることは50歳の〝子供〟の抱くどんな夢も超えていた。とても感謝している」

「私の目標は原作の『デューン』の熱烈な愛読者、コアなファンたちが原作者のフランク・ハーバートの描写、彼の創造した物体や家具、部屋、建築物、光などすべてに関する描写を映画の中に認識できるよう、謙虚にデザインに取り組むことだった」とヴィルヌーヴは語る。「光、風、塵の感触などのすべてをできるだけ原作に近いものにしたかった。そして自然からインスピレーションを得て作りたかった。デューンは私たちが知っているものとはまったく違う、非常に大きな世界だ。もちろんヴァーメットがそれを実現するのに手を貸してくれるだろうと信頼していた」

　脚本を読んだヴァーメットはすぐに映画のイメージを膨らませた。

「脚本が非常によくできていて想像力に多くのものを与えてくれたから、突然イメージが頭の中に浮かんできた」と彼は話す。彼はまずアメリカの現代美術家ジェームズ・タレルの作品からエジプトやノルウェーなどさまざまな国の写真、彼が賞賛している建築物、さらにアフガン戦争や湾岸戦争の映像までイメージを集めてムードボードを作った。次にこのムードボードからイラスト集を作り、最終的にはすべてのセット、小道具、衣裳の絵をここにまとめてスタッフ全員に配布した。

「私にとっては全員が同じページを見ていることが非常に重要だ。もし誰かがある部分について『これはどうあるべきか？』と聞いてきたら、私はいつも『イラスト集にある』と答える。イラスト集にはとても詳細に描かれているんだ」

　ヴァーメットはカラダンを霞がかった秋を思わせるグリーン、グレー、ブルーという配色を中心にデザインし、常に雨が降っていて湿気があるような印象を与えた。アトレイデスの宮殿は山の中に建てられているが、これは自然と完全にシンクロしていることを表している。物語の舞台がアラキスに移るとこれらの色合いは荒々しい茶色、黄土色、乾いた赤に変わる。ガイディ・プライムは錆びた金属のような色である。

　彼は圧倒的なパワーを感じさせるように世界を構築した。セットは巨大で役者たちに暗く迫り、荒涼としたコンクリートの壁や床が、登場人物たちの生活の背景を固くざらざらとしたものにしている。幸いなことにオリゴ・スタジオのサウンドステージは、ヴァーメットの巨大な構築物が収まるほどの大きさだった。インテリア・デコレーターのリチャード・ロバーツは室内装飾が観客の気をそらすような突出したものではなく、雰囲気を醸し出すものになるようにしたいと考えた。

「観客が個々の家具を見るようなことがあってはいけない。つまり室内装飾は観客が没頭できるような世界を作り出さなくてはならない」

　室内に置かれた家具は非常に質実剛健としている。コンクリートのようなテーブルは簡単に移動できるようキャスターがつけられていて、レト・アトレイデス公爵のオフィスで堂々とした存在感を放っている。家具や照明、バナーやカーペットは、すべてデンマーク製で他の小道具と同様に使い古されたものに見えるようにエイジング加工してある。

「この種の映画にカーペットやカーテン、クッションを忍び込ませるのは常に楽しい作業だ。カーペットでもなんでも、このようなサイズのものを作ったことはなかった。素晴らしかった」

　ヴァーメットが手がけた最も野心的なデザインのひとつが、デューンの空を彩る巨大な翼を持つ飛行物体オーニソプターである。コンセプトアーティストのジョージ・ハル、オーニソプターのアートディレクターであるデヴィッド・ドーランと協力してヴァーメットはデザインを考案した。

「オーニソプターは鳥のように飛ぶ船だ。翼を持ち、ハチドリやトンボのようにとても速く羽ばたく。翼幅は約40メートル、長さは23メートルある。参考にしたのは鳥や昆虫、ヘリコプターなどだ。デザインは角ばった荒々しい映画の世界を設計していくうちに変化していった。映画の世界観を表現するためには信憑性のあるものでなくてはならなかった。この目的に適った機械を作るのは、技術的にかなりの大仕事だった。またオーニソプターは年季の入った見た目でなくてはならなかった。観客を完全に映画の世界に没頭させるためでもあり、ＩＭＡＸで撮影されるシーンもあったからでもある。ロンドンの大道具制作会社ＢＧＩ社が制作し、ヨルダンにいた我々のところに届けられた」

　大型のオーニソプターは23メートル、小型のものは15メートルある。これを輸送するのは物理的に難しかった。ヴァーメットは撮影現場で組み立て直さなくても済むように、２機をそのままの形で運ぶことにこだわった。そこで制作会社は輸送に後部が開く最大級の輸送機であるアントノフを使用した。ヨルダンに到着後、撮影場所の軍用砂丘まで運ばれた。そこで総重量11トンの機体は飛行シーンを撮るためクレーンや特別な台車に乗せられた。

　一方、オリゴ・スタジオでは2種類のオーニソプターのコックピットが作られた。1つはステージ上のジンバルリグで吊り上げられ、もう1つはブダペスト郊外のフォットの丘の上にあるジンバルリグに載せられた。このように2ヵ所で行うことで異なる背景を作り出すことが可能になった。

　巨大なオーニソプターの模型をロケ地に運ぶなど、クルーは数々の物流上の課題に直面した。ロケーション・マネージャーのニック・オリバーたちは6輪トラックで模型を運ぶために、砂漠の中に道路を作らなくてはならなかった。またダンカン・アイダホが空から岩に落下するシーンを実現するために、膨大な量のワイヤーワークが必要だった。計画通りに進めるために、３００トンのクレーンでスタント用のワイヤーリグを固定した。ワディラムのロッキー盆地では岩の成分が非常に柔らかく、また岩の形状はそのままに保たなくてはならなかった。そのため掘削が

禁止されていたことも、スタッフにとってはハードルとなった。スタッフはアンマンから専門家チームを招き、スタントパフォーマーをワイヤーで固定できる強度のフックを、岩を傷付けずにつけるスポットを探し出した。

プロデューサーのケイル・ボイターのチームは、ヴィルヌーヴ監督が考えた原作者のハーバートの風景の解釈に命を吹き込むのと同時に、よくある世界滅亡後の外観を避けるためにも力を注いだ。ボイターはこう語る。

「この作品はさまざまなものの融合だ。封建主義と幻想がある。そしてデザインの観点からヴィルヌーヴ監督が試みたのは、他のものをすべて切り離して観客に全く唯一無二の混合物を見せることだった」

歴史映画のような雰囲気を持つ モダン中世的な衣裳デザイン

衣裳デザイナーのジャクリーン・ウェストとボブ・モーガンは、本作で使用された無数の衣裳の制作を担当した。この2人とこの映画はまさにぴったりの組み合わせだった。

「私は歴史にこだわっている」と元美術史家のウェストは語る。「この物語は、信じられないほど重層的で心理的、哲学的な冒険であり、神秘性と歴史で溢れんばかりである。私はそれに魅了された。ヴィルヌーヴのこれまでの作品も観ていて原作の『デューン』も読んでいたので〝これは私にとって天国のようなマリアージュだ〟と思った」

モーガンもこれに同意する。

「この映画は視覚的にも楽しめるようになっている。ジャクリーン・ウェストが私に、この作品でコラボレーションしようと言ってくれたことは、信じられないほど光栄なことだった。過去にも一緒に仕事をしたことがあるが、今回は本当にユニークなものだった」

「これは本当に大変な作業だった。というのも通常は未来を想像するために、参考にする基準点を作るが、今回はそれを持たずに、たくさんの未来的な衣裳を作成する必要があったからだ。私はこれまで多くの時代劇を手がけてきたが、未来を舞台にした作品はあまりなかった。それがヴィルヌーヴ監督にとって魅力的だったのかもしれない。彼はこれまでのようなSF映画を作りたくなかった。彼は最初から『宇宙船もエイリアンもいらない』と言っていました。彼が望んでいたのは、もっと心理的なものだった。ビデオゲームの映画ではなく哲学的、心理的、神秘的な物語になるだろうと早い段階で気付いていた。これまでの彼の作品には深みがある。今回の作品も多層的なものになるだろうと、話し合いの中で感じた。ヴィルヌーヴ監督はどのように見せたいか、どのように見せたくないかを説明するのがとてもうまい。私は、自分が何をしたいのかを知っていて、それを表現できる人がとても好きだ」

「ヴィルヌーヴ監督は私たちのために、枠組みとパラメータを設定してくれた。何でないかを知ることは、何であるかを知ることと同じくらい重要であることがある」とモーガンは締めくくった。

2人はロサンゼルスからブダペストに拠点を移し、地球上のあらゆる場所から最高のコラボレーターたちを集めて小さな軍を作った。ヴィルヌーブの指示に触発されたウェストとモーガンは、まず未来と過去の両方について山のようなリサーチを行った。

ウェスト曰く「ヴィルヌーヴは遊牧民や砂漠の人々、世界のさまざまな砂漠、その中で人々がどう生き抜いてきたかについて多くのことを話してくれた。さらに私たちはたくさんの絵画を見て、中世に関する情報を集めた。美術史で私はその時代を専門にしていたからだ。ゴヤの絵もたくさん見たが宗教や善悪を表現している点に私は魅了された。原作の中にはギリシャ神話への言及もあり、それも私に超現実的な経験を与えてくれた」

またウェストとモーガンはコスチュームの機能性も重視した。モーガンはこう語る。

「素材に関する調査を進める上でポリシーにしたのは、『機能が形を決定する』ということだった。すべての衣裳に共通するのは、登場人物が生き延びるために必要なこと、特に砂漠で生き延びるために必要なことを常に念頭に置いたことである。同時にコンピュータ技術とは無縁で、私たちが未来的だと考えるものとは比べ物にならないほど、工業的で原始的な技術が使われているこの世界の中でもっともらしく見える衣裳でなくてはならなかった。私たちはこの衣裳の外観を〝モダン中世（モダン・メディエヴァル〟と呼ぶようになった」

　配色に関してウェストとモーガンはヴァーメットがデザインしたキャラクターの住む世界からインスピレーションを得た。

「カラダンは非常に冷涼な惑星で降雨量も多く、植物が鬱蒼と茂っている。だからアトレイデスの衣裳の大部分は緑色にした」とウェストは語る。「対照的にアラキスは砂漠と岩石でできている。ここの住民の衣裳は砂のような黄色やベージュにした」

　重要なコスチュームの1つが、フレメンの着用するハイテクボディスーツ、スティルスーツである。このスーツは乾燥した砂漠の中でも生き延びることができるよう独自の体液循環システムを持っている。小説によるとこのスーツには高度なポンプシステムが搭載されており、ノーズピースに汗や尿を集めて再利用し、1日に失う水の量は小さじ1杯程度ですむようになっている。スケッチアーティストのキース・クリステンセンはウェストとモーガンがチームに加わる前に、すでにスティルスーツのアイディアを描いていた。

　モーガンは「人間の排泄物を蒸留して飲料水にするスティルスーツは他のどんな衣裳よりも、絶対に機能しているように見えなければならなかった。しかし同時に身体にフィットし、どんな体型の俳優がきても美しくなくてはならなかった。機能的でありながら美しく見せることが課題だった」

　モーガンとウェストはこの衣裳にガーゼのマントとケープを加え、カモフラージュの役割を持たせた。その砂のような色と浮遊感のある滑らかな動きがスーツのグレーの色調を引き立てている。「風になびくマントの動きはロマンを感じさせる」とモーガンは付け加える。

　戦闘シーンで各軍を区別するためウェストとモーガンは対照的な色を使用して、それぞれの部隊に非常に特徴的な外観を与えた。皇帝の冷酷な精鋭部隊であるサーダカーには、暗闇で不気味に光る白い強化ボディスーツに血のように赤い徽章をデザインした。アトレイデスは灰色の鎧を、ハルコンネンは黒い鱗状の鎧と蟻のような兜を身にまといまるで昆虫のようである。

　牧師マザー・モヒアムの衣裳は、マルセイユ版タロットと伝統的なチェス盤の上で見られる、クイーンの特徴を組み合わせたものになっている。黒を基調とした落ち着いた雰囲気の衣裳で、全身を覆う長袖のガウンに、複雑な刺繍が施された印象的なケープを羽織っている。頭にはギリシャ正教のカミラフカに似た、黒いベルベットで顔を覆うたっぷりとしたネットのついた高い帽子をかぶっている。全体的に威厳と力強さを感じさせる外観となっている。

　怪物のようなハルコンネン男爵の衣裳はフランシス・フォード・コッポラ監督の『地獄の黙示録』でマーロン・ブランドが演じたカーツ大佐にインスパイアされている。「ハルコンネンは闇の中心だ。彼のローブは黒いシルクでかすかに透けている」とモーガンは語る。

　レディ・ジェシカの衣裳は彼らにとってまた異なる挑戦だった。

「カラダンでの彼女は暗い衣裳で修道女のような雰囲気だったが、アラキスでは明るく太陽の光を浴びて輝くものを着ている」とウェストは説明する。観客の前に初めて姿を見せるレディ・ジェシカは、シンプルな黒のロングガウンにヘッドスカーフをつけている。しかしアラキスに到着したときにはスリムなフルレングスのベージュのドレスに、視線を奪うゴールドのかぎ針編みのベールと手袋をつけ、さらに大きく広がるケープとフードで全身を覆っている。彼女の侍女たちも同様に黄色、黄土色、琥珀色といった砂漠の色を基調とした衣裳を身につけている。

「マラケシュのスパイスマーケットを参考にして色を作ったので、彼女たちがスパイスガールズになるのは避けられないことだ」と冗談混じりに語る。

　ウェストとモーガンは、パイター・ド・ヴリースに長く黒く鋭い印象を与える衣裳を作り、彼を短剣のように見せるようにした。

　最後にポールの外観は砂漠を舞台にしたもうひとつの名作映画の影響を受けているとモーガンは語る。

「私にとってポール・アトレイデスは常にアラビアのロレンスであり、ロレンスがアラブ人たちを率いてトルコ人に対抗する姿が映し出されている。砂漠での頭巾やマントの着こなしはデヴィッド・リーン監督へのオマージュだと思っている」

　他のキャスト同様、ティモシー・シャラメもウェストとモーガンのコスチュームに圧倒された。

「この映画の衣裳は素晴らしい。残忍でダークだが小説のリズムと美学に忠実な感じがする」

　メイクアップを担当したのはドナルド・モワットだ。彼はメイクアップデザインの全体像についてこう語る。

「確かに中世的だが同時に現代的で非常にファッショナブルな雰囲気もある」

　モワットは部族ごとに異なる表情を作り出した。ハルコンネン家は頭にも顔にも毛がなく、骨のようなオフホワイトのメイクをしている。冷酷なサーダカー家は髭を生やして髪を後ろに流し、額に同じ入れ墨をすることでより男性的な表情になっている。アトレイデスの兵士らは後ろと横の髪を短く切り、きれいに剃った民兵組織のような髪型が特徴で、フレメンには色あせた部族風のタトゥーが施されている。

　モワットの創造性はキャストにも高く評価された。レディ・ジェシカについてレベッカ・ファーガソンは

こう語る。

「ジェシカはレトの王にとって女王ではなく、いわば側室なのだから目立たない、地味とも言っていい外見にしなくてはならないと私たちは考えていた。彼女は非常に大きな力を持っているが、その力は注目を浴びるようなものではない。庇護者であり、レトの一歩後ろに立ってスポットライトを浴びないようにしている。ドナルドは彼女のために、とてもシンプルでノーメイクのような外見を作りあげた」

最も難しかったのはハルコンネン男爵だった。

「ステラン・スカルスガルドがファットスーツを着ていて、しかもそれが剥き出しになっているのだから大変な仕事だった」とモワットは語る。このようなキャラクターの場合メイクアップで失敗するのは簡単だ。俳優にファットスーツを着せると人は、『リトル・ブリテン』や『オースティン・パワーズ』を連想するので滑稽なものになってしまう。ファットスーツを着た俳優を不穏な雰囲気にするのは非常に難しい」

このスーツを作るためにモワットが投入したチームは、スウェーデンの義肢装具士であるラブ・ラーソンとエヴァ・フォン・バールだった。このプロセスには時間と労力を要した。まずスカルスガルドの顔、手、歯を含めた全身の鋳型を作りシリコンを流し込む作業を行った。

2人はこの俳優の不屈の精神に感銘を受けたという。

「スカルスガルドは素晴らしかった。非常に重いシリコンを持ち、フレームを支えシリコンの形状を維持するためのプラスチック製の包帯を巻いて、2時間もじっと立っていなければならなかった」とラーソンは語る。「頭部と肩は別々に行われた。非常に閉塞感があったはずだが彼は頑張ってくれた」

チームを驚かせたのは、ハルコンネン男爵が映画のほとんどの場面で裸だということだった。ヴィルヌーブ監督とスカルスガルドは彼の裸を気に入っていたので、衣裳デザイナーのジャクリーン・ウェストとボブ・モーガンは、彼の衣裳を体が透けて見えるような薄い素材を使うというコンセプトで考えた」とラーソンは語る。

ストックホルムの工房でヨーロッパ中から集まった10人の彫刻家が技術を駆使して、このようなスーツを全部で6着作成した。このスーツはハルコンネンの入浴シーンに使えるものではなく、義肢装具チームにとってはさらなる挑戦となった。フォン・バールはこう語る。

「スーツ全体を水中でテストしてみたが、浮きすぎて水中に沈ませるのが難しいことがすぐに分かった。また水に入るとスーツがスポンジのように水を吸い込んで重くなり、水からステランを出すのが難しくなるという問題もあった」

スーツを調整してこのような問題を解決したあと、風呂に水の代わりにオイルを使うことでさらに問題が解消され、出たり入ったりするのが楽になった。しかし課題はバスタブに浸かることだけではなかった。ハルコンネン男爵は空中に浮くこともできなくてはならないのである。

空中に浮くシーンでは、ハーネスのストラップを取り付けるためにスーツに穴を開けた。また飛行シーンでは、スカルスガルドが地上に降りたときには、スーツがスムーズに元の位置に戻りしわにならないようチームは常にスタンバイしていなければならなかった。

スカルスガルドがスーツをフルに着て撮影に臨むまでには準備に7時間かかり、それはとても複雑なプロセスだった。チームは彼ができるだけ快適に過ごせるようにした。フォン・バールは「スーツの中は非常に暑くなるのでまずクーリング(冷却)スーツを着せた。それが少し役に立った。まず髪の毛を隠すために禿げた帽子を被り、次に首の部分を付け、それと後ろで重なるヘッドピースをつける。これが最も大きなパーツの1つだ。続いてあご、両頬、耳たぶと続く。続いて指の関節の上に手のパーツをつける。すべて合わせた重量は約4キロだ。最後にシリコン製のアンダースーツを、次にファットスーツを着る」

ヴィルヌーブ監督は「ジャクリーン・ウェストとボブ・モーガンを起用したのは彼らが時代劇映画で有名

だからだ。この作品の衣裳も歴史映画のような雰囲気にしたかった。本を読むと未来に書かれた本が、タイムマシンを使った奇妙な歴史家によって蘇ったような印象を受けるのだが、衣裳デザインもそのような感じにしたかった。ファンタジーから離れ、登場人物がその状況や社会的地位が理由で経験するような、現実に即した衣裳にしたかった。できるだけ地に足のついた、汚れたリアルな感じのものが欲しかった。それには彼らが最適だと思った。私は彼らの作品の大ファンなんだ」

壮大かつ安全なアクションシーンを生み出す

スタントコーディネーター兼セカンドユニットディレクターのトム・ストルサーズは、本作のすべてのアクションシーンを俳優とスタントアーティストの両方にとって壮大なものにし、かつ安全を保証するという困難な仕事を担っていた。実際、ストルサーズとファイトコーディネーターのロジャー・ユアンが振り付けた様々なスタントや格闘シーンは、アクション映画で長い経歴を持つジェイソン・モモアにとってもこれまでで最も複雑なものだった。

「あるシーンでは19人のスタントマンと同時に戦うのだが、今までにやったことがなかった。たくさんトレーニングをした。ヴィルヌーヴ監督は普段このようなアクション映画を作らない。だから彼の興奮とビジョンを目の当たりにするのはこれまでとはまったく異なる経験だった」

「ロジャー・ユアンはとても素晴らしいファイトコーディネーターだ」とジョシュ・ブローリンは語る。「ヴィルヌーヴ監督と私はハルコンネンの戦いについて話し合い、できる限り残酷でなければならないと考えた。観客はこれまで教師であり詩人、助言者としてのガーニイを観てきているので、このシーンは彼の別の側面を見せるチャンスだった。この戦いはガーニイのすべてだ。この戦いに向けて彼が見せる苛立ち、猜疑心、そして家族を守るために1000%の準備をしたいという思い。それが彼の人生、存在意義なのだから」

レベッカ・ファーガソンは、ユアンとストラスターズがジェシカの戦闘スタイルを彼女のキャラクターに合わせて作ったことに感銘を受けた。

「ジェシカの戦い方はとても正確で要点をついている。ボディガード、庇護者として彼女は周囲を完全に把握し、部屋を見渡し、人を読み、何が起こるかを予測する。だからその戦い方は彼女にぴったりだった。彼女は精神的にも肉体的にも非常に素早く機敏であり、それが彼女の戦闘技術でもある」

ヴィルヌーヴ監督と彼のチームにとって、特殊効果スーパーバイザーのゲルト・ネフザーの技術的な専門知識に頼ることができたのは幸運だった。ネフザーと彼のチームには、物語の要所で登場人物を吹き飛ばす猛烈な砂嵐を再現するよう依頼があった。ヴィルヌーブ監督がCGではなくできるだけ具体的に撮ることを強く望んでいた。だから「舞い飛ぶ砂やほこりに耐えなければならないだけでなく、その中で演技をしなければならない俳優がいるというのは我々にとってかなりの大きな挑戦だった。これは簡単なことではない」とネフザーは語る。

砂嵐を表現するためにネフザーは、ヨルダンの砂の色に合った粉塵を調達する必要があった。探すのに10週間ほどかかった。

「色が完全に一致し、空中をよく飛ばなければならない。普段メイクアップに使われている天然素材を持ち込んだ。俳優やスタッフが呼吸をしていることを配慮し、健康上の問題が起きるのを避けなければならないので、埃はできるだけ俳優に近づけず、カメラが回っているときだけ使用した」

また雨や暴風、ハルコンネン男爵のサウナの蒸気、爆発や火事などのエフェクトも必要だった。

例えばアラキスの庭には貴重な椰子の木が何本もあるが、これに火をつけなくてはならなかった。数回テストした後、チームは鉄製の木の葉を200枚ほど作り、それをすべてそれぞれの木の幹に挿入されたガス供給装置に接続した。16キロにも及ぶガス管が通っているにもかかわらず、自然に見えるようにしたのだ。砂漠で特殊効果チームが集中したの

は主に天候と力学だった。ネフザーはこう語る。

「私たちは3、4種類の異なるタイプのオーニソプターを使用していたがそれぞれ動作も異なった。中には俳優がいるので安全性に完璧を期さなくてはならなかった。しかし同時に特に砂嵐の中を飛行するときには、かなり激しい動きをしているように見せなくてはならなかった」

もちろんどのような飛行機械にもジンバルやリグなどそれぞれサポートが必要である。「ほとんどの場合、空軍が模擬練習機に使用しているような飛行装置を使用する」とネフザーは言う。「空軍が練習機のシミュレーションに用いるような飛行装置を使うことが多い。オーニソプターには6つの基本的な動きがある。だから6つの軸と6つの油圧ピストンがついていた。それを使ってほとんどあらゆる動きとGの力（航空機・ロケットなどで加減速時にかかる力）を作り出すことができる。オーニソプターが旋回するときには別の軸を追加して、旋回装置を用意しなければならない。また様々な動きをプログラミングしなくてはならない。こうやってオーニソプターが飛行するシーンを作った」

ネフザーは地面に穴を掘って動く巨大な生物サンドワームが、数キロ先の地面の動きを察知して驚異的なスピードで移動するときのエフェクトも作成しなければならなかった。これはもちろん視覚効果スーパーバイザーのポール・ランバートと彼のチームが制作した。また彼らは映画に文字通りちょっとしたスパイスを加える役割も担っていた。

サンドウォームが動くと砂漠全体が振動し砂が揺れる。この効果を生み出すために「ヨルダンの砂の下に大きなプラットフォームを作り10台の振動エンジンを導入した」とネフザーは話す。「私たちはいくつかの異なる砂で試してみた。最終的に大きな木製の翼板のついた強力な振動エンジンを砂の下に入れた。非常にうまくいった」

ランバートはこのテクニックを非常に気に入った。彼はこう説明する。「サンドワームが近づいてくると必ず分かる。私たちはワームが地面の下で世界を揺るがすような力を生み出し、それが自動的に砂丘に滝を引き起こすというアイディアを考えだした。だから観客はワームが近づいてくると、それを囲む砂丘がまるで水のように流れ落ちるのを見る。こういう乾燥した砂漠の中に水のように隆起したり流れたりする生き物がいるというのはとても気に入った」

もう1つ、ランバートが活用したのはサンスクリーンである。

「これは非常に簡単なアイディアだ。背景は最終的にすでに撮影したものとよく似たものになることが分かっているから、後ろのスクリーンの使い方にある程度の余裕を持たせることができる。青や緑のスクリーンではなく砂の色のスクリーンを使ったが、これは撮影環境に影響を及ぼした。このスクリーンは砂岩で作られているので、現地の砂の色にすることができた。砂の色を反転させると青になるというシンプルな手法で抜き出すことができるんだ。もちろん肌色などの問題はあるが、スクリーンから抜き出した画像を合成するとき、似たような色に戻すことができればより多くのことができる。簡単なテクニックだが、砂をテーマにしたこの映画にはとても効果的だった」

社会的、政治的混乱の中で青年が成長していく姿を描いた本作は、壮大なロケーション、迫力のあるセット、スリリングなアクション、魅力的なキャラクターで作り上げられている。ヴィルヌーヴ監督と多くのコラボレーターたちは本作が小説のファンだけでなく国籍、人種、世代を超えた世界中の映画ファンに広く訴えかけることを願っている。

「私にとってこの作品は大きなスクリーンへのラブレターだ。大きなスクリーンが夢見たものであり、大きなスクリーンのためにデザインされ実現したものだ。しかしストーリーは1本の映画に収めるにはあまりにも複雑だったので、私にとってこれまでに作った映画の中で最も大きな作品であり、最もチャレンジングな挑戦でもあった」とヴィルヌーヴ監督は語る。そして最後に冗談めかしてこう付け加えた。「この作品は前菜のようなものだ。次の第2部がメインディッシュだよ」

デューン/砂の惑星

文＝平沢 薫

**誰もが知るSF小説の金字塔を原作にしながら、
どこまでもデヴィッド・リンチ監督作になっている**

シャッダム４世（ホセ・ファーラー）の城

惑星カイテインを統治する宇宙皇帝シャッダム４世と娘のイルラン

SF小説シリーズ「デューン」の第1作「デューン 砂の惑星」を、当時、『イレイザーヘッド』と『エレファント・マン』の2作で注目を集めていた新人監督、デヴィッド・リンチが映画化。さまざまな要素を持つ原作の中から、アトレイデス公爵の息子ポールが、対立するハルコンネン家を倒して領地を取り戻し、父の復讐をするというストーリーをメインに据え、SFアクション色豊かな作品を作り上げた。

完成した映画は、ビジュアルはデヴィッド・リンチの世界だが、脚本は原作小説があるとはいえ、リンチ自身が書いたのにも関わらず、ほとんどこの監督らしさは感じられない。その背景には、当時の映画界の状況があるだろう。製作が企画された1970年代後半は、世界中が『スター・ウォーズ』(77)の大ブームに湧いていた頃。その状況の中で名作SF小説を巨額の製作費で映画化する本作は、『スター・ウォーズ』的な作品になることを期待されていてもおかしくない。しかもスタッフは当時の一流どころ揃い。プロダクション・デザイナーは『2001年宇宙の旅』(68)のトニー・マスターズ。メカニカル・イフェクツは『レイダース／失われたアーク〈聖櫃〉』(81)のキット・ウェスト。クリーチャー造形は『エイリアン』(79)、『E.T.』(82)のカルロ・ランバルディ。当時のSFファンの期待を膨らませる顔ぶれだ。公開された本作が、興

訓練用マシンのファイターと格闘するポール（カイル・マクラクラン）

航宙ギルドのナビゲーター（航海士）がシャッダム４世を訪れる

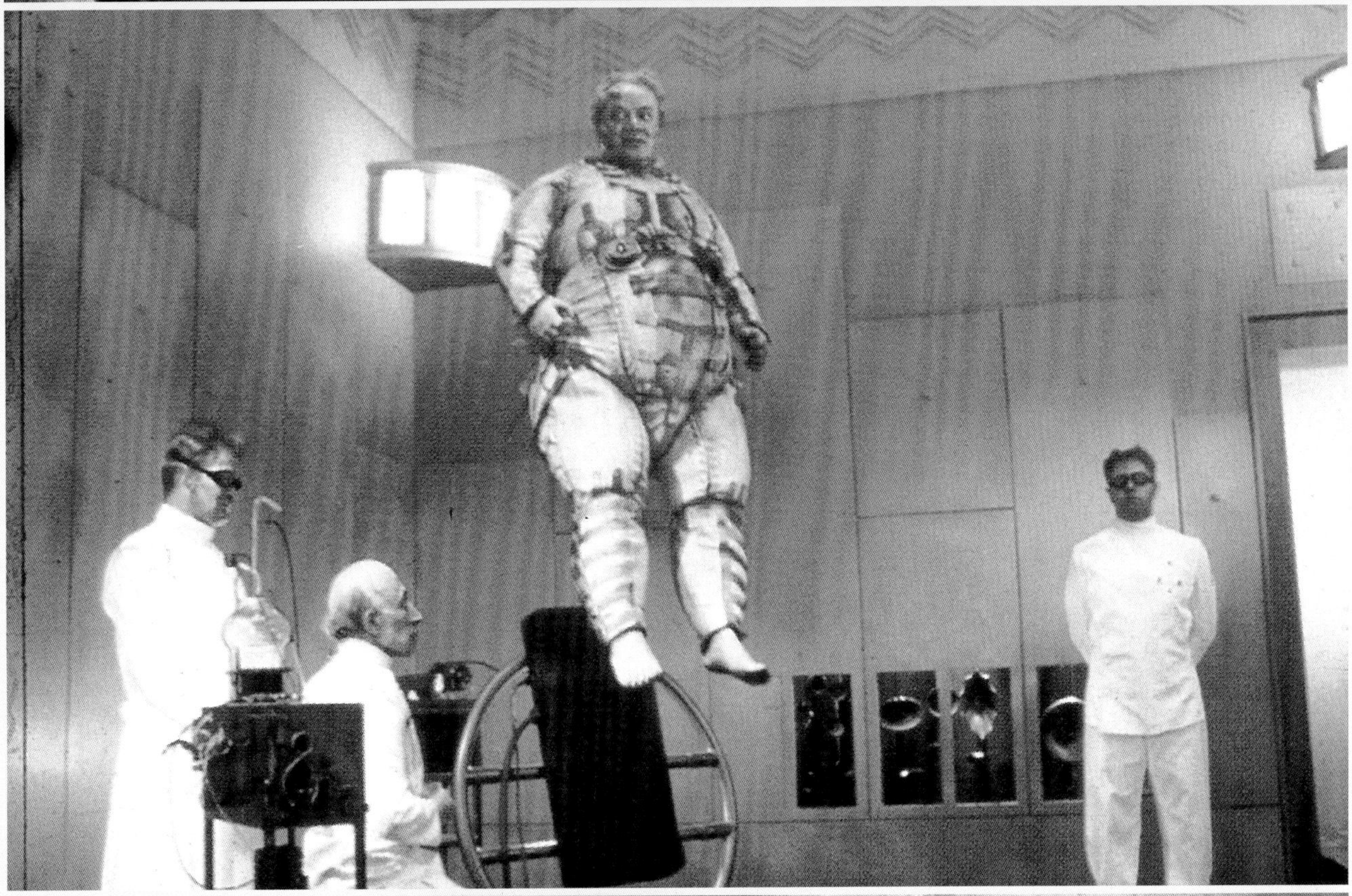

ハルコンネン男爵（ケネス・マクミラン）は重力に逆らい、空中に浮揚する

アラキスに到着したポールの父、レト・アトレイデス公爵（ユルゲン・プロホノフ）とポールは宇宙船でスパイスの採掘場に向かう

アラキスはサンドワーム（砂虫）に支配されている。
振動を感知して襲いかかってくる

スパイスの採掘場キャリオール

ハルコンネンに捕らえられたポールと母親のジェシカ（フランチェスカ・アニス）は逃げ出し、南極に不時着する

ハルコンネン男爵はレト・アトレイデス公爵の城を襲う

行的に成功を治めなかったのは、観客が期待する『スター・ウォーズ』的な明快なSFアクションとは異なる作品だったからなのではないか。そして、原作ファンにとっては、原作の持つ要素を大胆に省略したストーリーは、満足のいくものではなかったのだろう。

しかし、2021年現在の視点から見直すと、逆に、複雑な要素を持つ原作をここまでシンプルに脚色したリンチの脚本術の見事さが見えてくる。そして、ストーリーを当時の時代の要求に合わせつつ、随所にたっぷりリンチの個性と嗜好を仕込んでいるところにも唸らされる。

そのもっとも印象的な例が、冒頭近くに登場する、宇宙船の航行士（ナビゲーター）のシーンだろう。原作では、彼らの姿を見た者はなく、ポールが「著しく変形していて、もう……人間のようには見えないという話、ほんとうでしょうか?」と言うだけの存在を、映画の画面に登場したような、奇妙に変形した巨大な胎児のような姿で描く監督は、デヴィッド・リンチ以外にはいないだろう。そのナビゲーターが入っている水槽の、アールデコの棺のような造型もリンチらしい。この棺を筆頭に、アトレイデス家の屋敷内部、ハルコンネン家が支配する惑星や男爵の邸宅、機能ではなくデザインだけを重視した宇宙船の造型など、奇妙で魅惑的な美術はすべて、リンチ監督の個性を感じさせるものだ。

ハルコンネン男爵の甥フェイド（スティング）

砂の惑星の住人フレメンに出会ったポールとジェシカ。
ジェシカは命の水を飲んで、新しい教母になる

ハルコンネン男爵の甥ラバン（ポール・スミス）は殺される

フレメンのリーダー、スティルガー（エヴァレット・マクギル）と出会うポール

皇帝の軍隊はポールたちに反撃する

ポールはサンドワーム（砂虫）に乗り、皇帝を攻撃に向かう

他にも、アトレイデス家がパグを飼っていたり、敵のハルコンネン男爵が顔の皮膚を常に治療させていたり、敵に囚われたハワトが与えられる猫とネズミを使った奇妙な機械など、リンチの趣味を感じさせるアイテムは数多い。

そして、ベネ・ゲセリットのヘアスタイルや、彼女たちの動きに沿って流れるように動く衣裳の異教的な美学と高貴さ、優美さ。衣裳のボブ・リングウッドはアーサー王伝説を独自の解釈で描く『エクスカリバー』（81）の衣裳を担当し、後にティム・バートン版『バットマン』（89）、『バットマン リターンズ』（92）の衣裳を手がける英国人で、リンチ版デューンの世界と相性が良かったのではないだろうか。

リンチ監督独自の映像美は、アクションシーンよりも、幻想的なシーンに発揮される。黄金色の砂漠を行く巨大な砂虫たちのどこか愛らしい佇まい。ポールが何度も見る予知夢に必ず現れる、なめらかな水面に水滴が落ちて水紋が広がるイメージの冷たい美しさ。ナビゲーターによる宇宙航行の光景の摩訶不思議さ。まだ3歳くらいのポールの妹アリアが、敵の城の崩壊を背にして浮かべる表情の誇らしさ——。誰もが知るSF小説の金字塔を原作にしながら、どこまでもデヴィッド・リンチ監督作になっている。そこが、この映画の魅力なのではないだろうか。

ポールの妹のアリア(アリシア・ウィット)

皇帝の城に乗り込むポールたち

Dune

1984年アメリカ映画／監督・脚本＝デヴィッド・リンチ／出演＝カイル・マクラクラン、ショーン・ヤング、スティング、ケネス・マクミラン、マックス・フォン・シドー、パトリック・スチュワート、フランチェスカ・アニス、ユルゲン・プロホノフ、ホセ・ファーラー、シアン・フィリップス

発売＝「砂の惑星」ブルーレイ発売委員会／販売＝販売:株式会社ハピネット・メディアマーケティング 企画協力:フィールドワークス

ハルコンネン男爵の甥フェイドはポールと剣で戦う

© Universal Picture / Photofest / Zeta Image

デヴィッド・リンチ監督

David Lynch

文＝ポール・マンデル／訳＝有澤真庭

1984年10月発行Starlog(Number 87)に掲載
Paul Mandell／Zeta Image

『エレファント・マン』を手なずけたフィルムメーカーが次に挑むのは、このうえなく壮大なヴィジョン——フランク・ハーバートが創造した宇宙叙事詩の映像化だ。

『デューン／砂の惑星』撮影チームがやってきて以来、メキシコ・シティのチュルブスコ・スタジオは様子が一変した。まず、食堂のメニューが変わった。タコスと缶コーヒーが、ほうれん草のパスタと芳醇なカプチーノにとって変わった。プロデューサーのラファエラ・デ・ラウレンティスが持ちこんだ数あるヨーロッパ式習慣の一例だ。だが、この年のメインコースは、『デューン／砂の惑星』で決まり。8つのサウンド・ステージに70点の見事なセットが組まれ、フランク・ハーバートの壮大なSFサーガの映画化が10年間の頓挫の末、いよいよ実現する。

水に恵まれた惑星カラダンには草木が生い茂り、建築物のすべては緑と褐色を基調に、木材で組まれている。タイルを敷きつめた床はアステカやヴェネツィアの様式を思わせるが、欄干やアーチにあしらわれたモチーフはタイヤ痕とそう違わない。深い紫みを帯びたフレメンの洞窟があり、15メートルの砂虫《サンドワーム》は筆舌に尽くしがたい。そして、産業廃棄物にまみれた油の惑星ギエディ・プライムは、『デューン／砂の惑星』のアヴァンギャルドな監督デヴィッド・リンチが、間違いなく羽を伸ばせる場所だ。

レザージャケットの下にボタンダウンの白シャツ、チノパンツをきっちり着こなし、サングラスをかけたリンチの受け答えには、ブレがない。おまけに、(まるでもっとうまいジ

「フランク・ハーバートの書いた一行から、たくさんのイメージが生まれるんだ」

ヨークをこっそり思いついたかのように）時折もらす含み笑いを除いて、こちらをからかっているのかどうかヒントを与えてくれない。ひとつだけ、確かなことがある。リンチは映画界屈指の独創的なフィルムメーカーだ。

――監督は白黒で映画を撮ることで知られていますね。カラー作品の『イレイザーヘッド』や『エレファント・マン』なんて想像つきません。ところがここメキシコで、製作費5千万ドルのSF映画をカラーで撮っています。この作品を、あなたは白黒映画として観ているのですか？

デヴィッド・リンチ（以下L） 『デューン／砂の惑星』を白黒で撮れたらよかったが、これは実際、カラー映画だ。それが悪いという気はしない。映像の一部が白黒の『デューン／砂の惑星』を観てみたいような気もする。分からないよ。途中、どこかでさらりと白黒に変わるかも。色味を落としたくなるかもしれない。白黒作品は観客を遠くまで連れて行ってくれる。なかには白黒で撮ったほうがうまく表現できることもあるし、もっとよく伝わる感情もあるんだ。

――撮影監督のフレディ・フランシスが、あなたは白黒で考えるといっています。

L フレディがそう言っているって？ 彼のうしろめたい秘密を何か考えなきゃな。

――あなたは工業イメージにとりつかれているみたいですね。『イレイザーヘッド』はフロイト的な工業オブジェの悪夢さながらでした。『エレファント・マン』には画面の隅にたくさんその手の要素がありました。

L 『デューン／砂の惑星』にもたくさんある。工業オブジェが好きなんだ。パイプとか。液体と煙を愛してる。製造物が好きなんだよ。物を作る機械が好きだ。懸命に働く人々を見たいし、スラッジと産業廃棄物を見たい。なぜかは分からない。自然がそれに加える作用を見たいし、製造物が自然と同じ場所に並んでるのを見たい。

――『デューン／砂の惑星』のジェネレーターは、パイプのモンスターみたいでした。

L そうそう。まあ、『デューン／砂の惑星』には私がうれしくなるものがたくさんあるけど、工業の映画じゃない。ギエディ・プライムは『デューン／砂の惑星』の惑星のひとつで、私にしてみたら工業惑星みたいなものだ。黒油と鉄鋼と磁器の惑星。だけどアメリカの工場とは違う。

――どうやって脚本化されたんですか？ 原作は非常に複雑ですよね。

L 原作の冒頭60ページはとっつきにくいと誰もが思う。だがそのあとは引きこまれていく。一大長編だから、問題は一貫性だ――原作に忠実であろうとしても、やはり落ちる箇所が出てくる。何が失われるかがすべての鍵で、残ったものでどう映画的にするかが別問題としてある。ときには、映画は言葉を凝縮するとすごくうまくいく。フランク・ハーバートの書いた一行から、たくさんのイメージが生まれるんだ。私はただフィーリングに従っている。脚本にとりかかってから7本のドラフトを書いた。読んだのは、ディノとラファエラ・デ・ラウレンティスしかいない。初期のドラフトの問題点は、長いことだ。明瞭さに欠けた。ときどき私は夢や奇妙なほうに行ってしまう。けれど、いまはバランスがとれているよ。私としてはフランク・ハーバートに忠実にした。小説ではなく、作品にね。1年半かけて書き、そのあとも手を加えている。

――どんな経緯で『デューン／砂の惑星』の監督に？

L ディノのオフィスから電話があり、『デューン／砂の惑星』を読んだかって聞かれた。『ジューン』と聞きちがえちゃってね。どちらも読んでなかった！ でも読んでみると、まるで新しい言葉を聞いたみたいだった。そして、もっとしばしば聞こえるようになりだした。あとから友人たちはもう読んでいたと分かり、大騒ぎだった。読むまでずいぶん時間がかかってね。実をいうと、妻に無理矢理読まされたんだ。最初はあんまりのれなかった、とくに最初の60ページはね。でも読み進めていくほど好きになった。『デューン／砂の惑星』には私の好きなことがたくさん入っているから、「これは映画にできる本だ」と言ったんだ。すごくわくわくして、ディノと何度か会った。彼が私を雇った主な理由は、実を言うと『エレファント・マン』だ。人間を描いたSF映画を作りたがっていた、宇宙を飛ぶマシンじゃなくてね。ディノがよく知らない面を私はたくさん持っている。マシンが好きで、宇宙が好きで、夢が好きだ。『イレイザーヘッド』をディノは観たことがなかった。観たあとじゃ『イレイザーヘッド』を嫌ってる。彼の趣味じゃないんだ、メル・ブルックスは熱狂してたけどね。だから、プロデューサーたちが私の最新作を気に入ってくれてラッキーだったよ。おかげでつぎのプロジェクトごとにより成長し、より多くを見せられる。

――『イレイザーヘッド』の特異な奇矯さを『デューン／砂の惑星』に持ちこもうとしました？

L 1つ、この映画はPG指定作品に決まっているのがあって、それは非常にきついしばりになるんだ。何か変わったことを思いついても、PGの枠にはめられたが最後、多くのアイディアが窓から捨てられる。私は道からはずれるのが好きなのに、ここではあまりできないでいる。とはいえ、奇妙でエキサイティングなことがまだたくさん、この映画にはあるよ。モンタージュ（合成イメージ）はまだ手をつけていない。『デューン／砂の惑星』ではたくさん出てくる。でも、特殊効果が必要だ。一番の問題は長さだね。ラフカット

はすごく長くなるのが目にみえている。だから、まだ藪の中なんだ。

――モンタージュはどんなかたちを望んでるんですか？

L　どうなるかさっぱり分からない。いくつか試したいイメージはある。頭の中で描けるよ。だけど実際にできてみると別物になっているんだ。ときにはいじくりまわしているうちに偶然問題がほぐれて、それがすべての解決につながっていく。

――腐食の何に惹かれるんですか？　これまでのあなたの作品で、繰り返しテーマになっていますね。

L　そうだな、空き地に鋼鉄の物体を出したとしたら――最初、鋼鉄はちょっといい感じかもしれないが、何というか〝間延びした〟エリアになるんだよね。それから自然が作用しはじめる。すぐに鋼鉄は、なんとも味が出てくる！　まるで、煙突から煙が出てくるみたいに。できたての煙突はそれはそれでいいけど、古い煙突は――何年かのあいだに熱と黒煙と毛髪がこびりついて、たまっていくだろう？　建物の片側は真っ暗で、窓は割れ、朽ち果てた草が生えて。ファンタスティックじゃないか！　自然と人間の両方が合わさらなきゃ、それはできないんだからね。

――どうしてあなたはカラーで映画を撮ることに概して抵抗があるんですか？

L　抵抗はない。『デューン／砂の惑星』を観れば、この監督はカラーに問題ありとは思わないはずだ。ただ、白黒映像はすごくピュアなんだ。ピュアだから、すべてがある意味高められる。よりパワーを持つ。それから白黒にサウンドを合わせなきゃいけないが、それが難しい。音楽は私にとってとても重要だ。全体が、いまはなんというか乾いている。サウンドが伴うともっとずっとリアルになる、とりわけ効果音がつくとね。それで、アラン・スプレットとまた仕事をするのが待ちきれないんだ、この絵にぴったりなサウンドをつけるのが。彼は『イレイザーヘッド』と『エレファント・マン』の音を全部つけてくれた。話せるようなテクニックなんてのは、存在しない。私たちが示し合わせたのは、「絵が音を決定づける」ということだ。正しいムードを描ける音を見つけることがすべてで、そうすれば次に行ける。いまの時点で、アランはリール18０個分の効果音を持っているよ。音を聞くたびに私には絵が見える。そこから着想を得る。駆りたてられてクレイジーになるのさ。

――第5ステージでカルロ・ランバルディの手がけた虫に似たモンスター、ギルド航海士《ナビゲーター》のリハーサルがありました。あのイメージは小説の中にあったんですか、それとも独自に考案された？

L　ギルド航海士は〝いくらか〟描写されていた。私は違う作りを想像していた、太ったバッタみたいなのをね。

――ランバルディとアート・ディレ

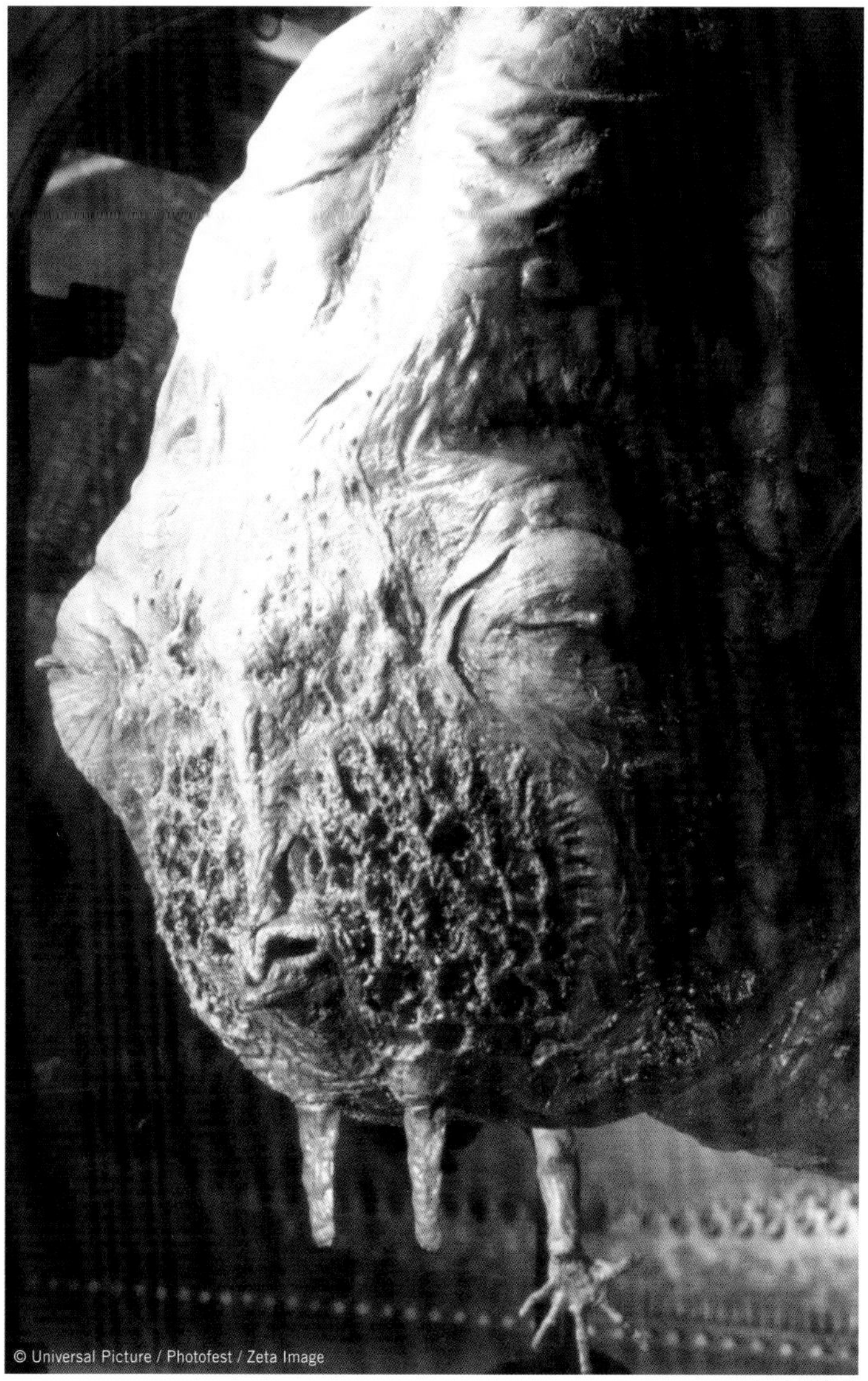

ギルド航海士

profile

1946年1月20日生まれ、アメリカ・モンタナ州出身。映画監督、脚本家、プロデューサー、画家。67年、最初の短編映画『Six Men Getting Sick (Six Times)』を制作。翌年妻ペギーをモチーフに、アニメーションと実写を合わせた実験的な4分の短編『THE ALPHABET』を作り、アメリカン・フィルム・インスティチュートの奨学金を得て、ロサンゼルスに移る。71年に「AFI Conservatory」に入学し、4年の歳月をかけて『イレイザーヘッド』を自主制作し、76年に長編映画監督としてデビューする。その不気味で不可解な自主映画は全米で話題となり、独立系映画館の深夜上映にもかかわらずロングランヒットする。80年の『エレファント・マン』がアカデミー賞作品賞、監督賞を含む8部門にノミネートされると共に世界的に大ヒット。一躍脚光を浴びる。その後『スター・ウォーズ ジェダイの復讐』の監督オファーを断り、3年半かけて大作『デューン／砂の惑星』(84)を完成させた。86年、『ブルーベルベット』ではアカデミー監督賞にノミネートされる。『ワイルド・アット・ハート』(90)では、カンヌ国際映画祭で最高賞パルムドールを受賞。『マルホランド・ドライブ』(01)でカンヌ国際映画祭の監督賞を受賞する。米国や日本でも大ヒットしたTVドラマ「ツイン・ピークス」(90〜91)の続編「ツイン・ピークス The Return」(17〜18)でも監督を務め、大きな話題を呼んでいる。18年、監督引退を公言。今後の動向が注目されている。

クターのトニー・マスターズとは、どんなやりかたで仕事をされたんですか？　コンセプトを具体的に絵にしたのは誰が？

L　最初に私が一点描き、あとをトニーが引きついだ。私は絵をたくさん描くけれど、無くすくせがあったり、あまりよくなかったりする。変な感じだ。映画の仕事をしているときは、絵を描くのは彼らの仕事だよね？　だから私は自分の求めるものを何か描いて、トニーがそこから引き継ぐ。彼は私に見せて、一緒に満足いくまで練りあげる。それから絵がカルロのもとへ行く。ランバルディのスタジオに何度か足を運んだよ。少し粘土をいじらせてくれさえした。それで、今度は彼が胎児とか、航海士とサンドワームの異なる部分を造りあげる。どれもフランク・ハーバートによるオリジナル・コンセプトの雰囲気を持っている。それがすごく重要なんだ。なぜならアイディアはすべてそこから出てくるからだ。オリジナルに忠実でなくてはならない。パワーのすべて——あらゆる物——が、原作のアイディアの中にある。だから自分ひとりで悦に入るわけにはいかない。もしそれをしたら『デューン／砂の惑星』とは呼べない——何か別の名前をつけないと。

——製作費なしで撮った『イレイザーヘッド』から、それなりの額が出た『エレファント・マン』、そして5千万ドル（当時120億円）の映画を撮るのはどんな気持ちでしょうか——ユニバーサル社最高額のプロジェクトを監督するのは？

L　それで萎縮したりはしないよ、金のことは分からないからね。気にしないというのではない。すごく気にしている。でもラファエラみたいに金と向きあわなくてすむ。彼女にとって、5千万ドルは私よりもずっと現実問題だ。ディノとラファエラには責任を感じている。しくじって金を無駄にしないようにね。でも私は一銭も見たことはない。人を雇ったり、クビにしたりする必要がない。私はただ映画の仕上がりと……毎朝起きる心配をするだけだ。ここでは2つのことが起きている。自分と、それ以外の人々を喜ばせなければいけない。『イレイザーヘッド』では自分が満足すればよかった。『エレファント・マン』と『デューン／砂の惑星』では、自分以外、ほかの人々も喜ばせなくてはいけない。妥協して、「まあ、この人を半分満足させて自分を半分満足させるか」というのは間違っている。ときには違う問題解決策を見つけなくてはならない、全員がまたのり気になれるようにね。それが、ディノと私がうまくやれている秘訣だ。毎回彼は問題を見つけ、私は妥協する代わりにほかのアイディアを見つける。すると彼はハッピーになる、私が足並みをそろえていると分かるから。私は彼を念頭に置いて考えるが、同時にそれで何かを殺してしまわないような解決法を思いつくようにしている。この映画がとる方向性は分かっているし、採用されるアイディアの全部が私のものではないだろうことも分かっている。だからほかの人々のアイディアを受け入れなくてはいけないし、それが難しい。

――『ブレードランナー』を監督するのは、あなたにとって自然だったでしょうね。

© Universal Picture / Photofest / Zeta Image

撮影監督のフレディ・フランシス(右)と

L そりゃあまあ、『ブレードランナー』の話を聞いたときは、私がやるべきだと思った。100パーセント共鳴したよ。あの映画のスタッフが『イレイザーヘッド』を観たのを知っている。けれど、総体的にひどくがっかりした。すごく期待していたし、何が悪かったのか正確には分からない。ほら、やり過ぎて台なしにするときもあるし、足りなさ過ぎてダメなときもある。『ブレードランナー』の場合、ストーリーラインが足りなかったのが問題だ。でも映像の大半は実に美しかった。

――『ロニー・ロケット』とは何ですか?

L 『ロニー・ロケット』は次に撮りたい映画だ、もしチャンスがあればね。体に障害を抱えた身長90センチの赤毛の男と、60サイクルの交流電流の話だよ。

――『デューン/砂の惑星』のような映画では、たやすく人間感情との接点を見失うものでしょうか、奇妙なテクノロジーがあまりに多すぎて?

L そんなことはない。テクノロジー部分は実写とは違う機会に撮影する。最初はどれも室内にいる人々のシーンだ。1人か2人の人物がほかの人物とやりとりをする、それだけ。テクノロジーは人間同士のリアクションを取り巻くように組みこむんだ。『スター・ウォーズ』みたいな映画では、もっとずっとスペシャルエフェクト頼みになり、人間のパートにしわ寄せが来る。彼らはあまり気にしない。あの映画ではそれでうまくいく。『デューン/砂の惑星』はちょっと違うんだよ。

――『イレイザーヘッド』に主演したジャック・ナンスが『デューン/砂の惑星』で端役を演じていますね。

L そうだよ。ジャックはネフドという役を演じる。彼は〝ナーファード〟って呼んでるけど。

――俳優たちとの仕事は楽しいですか?

L 俳優たちと仕事をするのは楽しい。ほかのあらゆることと同じだ。コミュニケーションの問題なんだ。リハーサルをする、台本なしで。たいていはそのときが最悪だ。でも出発点ができる。それで、光明が見えるまで話し合う。それから撮影する。それくらいシンプルだ。ときにはまったくうまくいっていなかったことから本当のマジックが生まれる。『デューン/砂の惑星』の俳優たちは異なる演技をいくらでもできる。大根役者なんかじゃない。すごくいいバイオリンを弾くようなものじゃないかな。うんと高みに行ける。『デューン/砂の惑星』ではみんながいい経験をした。俳優と仕事するのを気に入るなんて思わなかった。すごく楽しかったよ。

――何でもできるとして、映画を作っていないときは何をしますか?

L 私は日曜大工が趣味だ。1人になったら、小屋を建てるね。〈ボブズ・ビッグボーイ・コーヒーショップ〉でプランを練る。あそこのコーヒーとチョコレートシェイクを飲むとすごく興奮するんだ。だから〈ボブズ〉を出たら、小屋の部分的なプランを手に急いで家に戻る、ね? それからふさわしい木をみつくろって電ノコで切りはじめ、釘を打ち、建てる。そうなったら、天国にいるみたいに幸せだろうな。私にはそれが至福だ。絵を描くと、ときどきそうなるよ……。

――自分のことを挫折した絵描きだと思いますか?

L ある意味ではね。ほら、絵を描いていれば、自分がアーティストのような気になれるよね。私はアートライフが好きなんだ。アートライフを100%信じてる。アートライフにはルールがある――私はたくさん破ってきた。ある意味アートライフは『イレイザーヘッド』のヘンリーだ。もしヘンリーが絵描きだったら、彼は完璧だったと思う。友達がいない。1人で生きていける、だろ? 1人で生き、自分の中に入ってアイディアをつかみ、または何をするにしろ、考えなくてはいけない。アイディアをとらえるために準備を整え、そしてそれは時間がかかる。だから1人きりで考える時間が必要で、TVをつけたりできない。そして、刺激的な環境に身を置かなくてはならない――フィラデルフィアのホテルの一室とか。すると、いいムードになってアイデアをつかめる。

――フレディ・フランシス。彼はイギリスのホラー映画を多数撮影・監

督しました。そのような人物を『エレファント・マン』と『デューン／砂の惑星』の撮影監督に選んだのは、『息子と恋人』の彼の仕事ぶりを観たからだとか。

L　その通り。あれは素晴らしい映画だっただけではなく、素晴らしい白黒のルックだった。フレディを雇うのは、必然に思えた。イギリスの監督作品の撮影はほかにも観たけれど、フレディに少しでも匹敵するものは何もなかった。『息子と恋人』は何に重きを置いてもいいが、撮影は光と影、それとムードが肝心で、フレディは的確に捉えていた。あれはD・H・ローレンスの〝工場〟映画で、私の愛するイメージがたくさんあり、私の好きなやり方で撮られていた。

――あなたは50年代をどの年代よりも身近に感じるんですね？

L　ご明察。50年代は私にぴったりくる。ビートルズは好きだけど、彼らが登場して以降、すべてが無難な方向に変わった。私は前ビートルズ時代が好きだ。20年代にまでさかのぼってね。20年代から1958年、あるいは1963年までかな、それが私のお気に入りの時代だ。その間に起きることなら何だろうと完璧に好みのムードを持っている。70年代は最悪だった！　80年代には好きになれるものがある――ハイテク、50年代の香りがするニューウェーブ。ところが70年代ときたら――レザーとヘアー一色だ。そこには何もない。50年代は、ロックンロールとは何かという〝もとの精神により近い〟。だからオリジナルのアイディアには、パワーがあるんだ。

――ロックンロールに夢中？

L　初期のエルヴィス・プレスリー、ジェリー・リー・ルイス、ファッツ・ドミノが好きだ。ガール・グループは全部好きだよ。ロネッツ、シフォンズ、マーヴェレッツ。「ミスター・ポストマン」とリトル・リチャーズの「Bebopaloobop」がお気に入りさ。『ロニー・ロケット』はその路線だけど、奇妙で、〝ひねった〟50年代だ。

――メキシコもひどく変わった土地です。建築には趣きがあり、調和なんてどこ吹く風。メキシコの影響を『デューン／砂の惑星』に多少なりと入れこむ可能性は？

L　いくらかはあるかもしれないが、『デューン／砂の惑星』に最も影響与えたのは、イタリアのヴェネチアだ。ディノに連れられてイタリアに行ってきた。ラファエラと私は、北イタリアのアーバノという土地で脚本会議をしたんだ。それから15分ドライブして、ヴェネチアに行った。車にぎゅう詰めになってヴェネチアに向かったよ。ディノがゴンドラで私たちをとある場所に連れて行った。ゴンドラを降り、歩いていってサン・マルコ広場を見た。強烈な経験だったな。イタリアに行く前に私はトニー・マスターズと仕事をしていた。様々な事柄を本で入念にリサーチした。大聖堂に入ったとき、狂喜したね。見たこともないような大理石があり、それに、あのかたちときたら。そうしたらディノが本を買ってくれたんだ。私は本を持って戻り、アイディアやインスピレーションに活用しはじめた。そこが出発点だった。アル・スプレットとサウンドの作業をする要領で、トニー・マスターズと私は写真にインスピレーションを求めた。大部分がヴェネチア由来なんだ。

――場面のトーンを落とすのに苦労しましたか、明るさを減らそうとした？

L　言ったように、暗い映画は好きじゃないが、ムードとコントラストは好きだ。だから一部は暗くあるべきで、とりわけ状況が奇妙になるところではね。だけど明るいのも好きだよ。アラキスは宇宙屈指の暑い惑星で、だからある場所では明るく、非常に明るくなくてはいけない。私は暗くしすぎるきらいがある。

――誰にも映っているものが観えない5千万ドルの映画……。

L　ああ、そうだ。何度もフレディと、口論ではなくて暗くしてほしいと懇願した。ディノは逆に、私の言うことは聞かずに明るくしろと頼みこんでいる。フレディは『デューン／砂の惑星』の大半があまりにローキーすぎて、誰にも画面が観えないんじゃないかと心配してるらしい。でもそんなことはないよ。観えるものはたくさんある。乞うご期待だ！

デヴィッド・リンチ監督『デューン/砂の惑星』裏話、メイキング、トリビア

文＝平沢 薫

【製作までの道のり】

1965年刊行のSF小説「デューン 砂の惑星」の映画化企画が始動したのは、1971年。しかしそこから映画完成までの道のりは長かった。まず、71年に『猿の惑星』のプロデューサー、アーサー・P・ジェイコブズが映画化権を取得し、『アラビアのロレンス』のデヴィッド・リーン監督にオファーするが断られる。『失われた地平線』のチャールズ・ジャロットも監督候補になるが、ジェイコブズが1973年に死去して企画は中断される。

次に映画化を企てたのが『エル・トポ』のアレハンドロ・ホドロフスキー監督。彼はフランスのプロデューサー、ジャン・ポール・ギボンに「デューン」の映画化を提案し、1974年にギボンが映画化権を取得。その企画内容と頓挫までの経緯はドキュメンタリー『ホドロフスキーのDUNE』（P58参照）で描かれている。

そして、1976年に映画化権を手に入れたのが、『天地創造』のイタリアの大プロデューサー、ディノ・デ・ラウレンティス。彼は『エイリアン』（79）を大ヒットさせたリドリー・スコット監督を起用して製作を進めるが、監督は1980年の兄フランクの死去により監督を降板する。

そこで、監督をオファーされたのが長編監督第2作『エレファント・マン』（80）で注目を集めたばかりの新人監督デヴィッド・リンチだったのだ。リンチは当時、『スター・ウォーズ』旧三部作の3作目『ジェダイの帰還』（83）の監督もオファーされていたが、こちらを選ぶ。リンチ自身は、脚本完成には1年半かかり、撮影中も書き直したと発言している。撮影は1983年3月にスタート。映画は1984年12月14日に全米公開になった。

【興行成績】

1984年12月14日に全米公開、週末興収は第1位にはならず、エディ・マーフィ主演の『ビバリーヒルズ・コップ』に次ぐ第2位に。ファーストランの興行収益は約3093万ドルで、約5000万ドルと言われる製作費と比較すると、興行的には失敗作となった。

【TV放送版】

1988年にTV放送用に、未公開シーンが多数追加されて劇場公開版より52分長くなった再編集版が製作されたが、デヴィッド・リンチ監督はこの作品を認めず、監督名は、ハリウッド映画で事情があって監督名が表記できない場合に使用される「アラン・スミシー」となった。このバージョンは現在、映画のブルーレイディスクに「TV放送長尺版」として収録されている。

【製作費／ロケーション】

製作当時から、製作規模の大きさ

は話題を集めた。製作費は5000万ドル。8つのサウンドステージに70のセットを組み、衣裳は4000着、スタッフは計1700人に及んだと言われている。

　また、メキシコの砂漠でのロケを敢行。ロケ地は、シュワルツェネッガー主演の映画『キング・オブ・デストロイヤー／コナンPART2』(84)の撮影現場の近くだった。また、ロケ地に近いメキシコシティのチュルブスコ・スタジオも撮影に使われた。

　リンチ監督はメキシコシティにいたときの体験について、当時のインタビューで撮影は「異質な世界にいる感覚に襲われた」と発言。風変わりな建物もあり、町全体が夢のような雰囲気に包まれていて、夜、撮影が終わってホテルに戻っても普通の世界とは別の場所にいる気がしたそうで「まるでデューンにいるようだった」と語っている。

【キャスティング】

　名作SF小説の映画化作、しかも大作映画とのことで、キャスティングにはさまざまな噂が浮上。ポール役にはヴァル・キルマーやロブ・ロウ、クリストファー・リーヴ、デクスター・フレッチャーが噂に。また、ジェシカ役にはグレン・クローズやシルヴィア・クリステル、ドクター・ユエ役にジョン・ハート、皇帝の娘イルラン役には、ヘレナ・ボナム・カーター、ジョディ・フォスター、キム・ベイシンガー、ブルック・シールズ、メラニー・グリフィス、ミシェル・ファイファー、メグ・ライアン、ブリジット・フォンダ、サラ・ジェシカ・パーカーらが候補になったと言われている。

　リンチ監督自身はキャスティングについて、俳優の知名度は気にしなかったとのことで、ポール役のカイル・マクラクランは全くの新人で、本作が映画デビュー作だった。リンチはポール役について必要な資質として〝素直さ〟、指導者につながる〝強さ〟、そして目から伺える〝知性〟、そして高い〝精神性〟が必要だと考えてキャスティングしたと語っている。

　また、リンチ監督は当初はフェイド役にスティングを起用しようと思っていなかったが、スティングが突然ある家にやってきて一家を混乱に陥れる青年を演じたサスペンス映画『ブリムストン&トリークル』(82)を観て、考えを変えたという。

【トリビア】

・リンチ監督自身がカメオ出演。ポールとレト公爵が、砂虫に襲われたメランジ採取工場車の人々を救うとき、工場の無線オペレーター役で出演、顔もはっきり映っている。

・この映画のキャストたちのほとんどは、後に本作のデヴィッド・リンチ監督の大ヒットTVシリーズ「ツイン・ピークス」に出演している。ポール役のカイル・マクラクラン、アリア役のアリシア・ウィット、スティルガー役のエヴェレット・マッギル、ネフド役のジャック・ナンスがその面々。また、レト公爵役のユルゲン・プロフノウはTV版には出演しなかったが、劇場版『ツイン・ピークス／ローラ・パーマー最後の7日間』に出演している。

・映画中で、ガーニイ・ハレックが奏でる楽器〝バリセット〟として使われたのは、実在する楽器の〝チャップマン・スティック〟。1970年代にエメット・チャップマンによって創作された楽器で、エレクトリックギターとベースを元に作られている。

・映画中でハルコンネン家のラバンが牛の肉を食べるシーンがあるが、このシーンでは実際に冷凍した牛の肉が使われている。

・映画にはフェイドが下着ひとつで登場するシーンがあるが、このシーンは当初、湯気はあるものの全裸で登場する予定で、演じるスティングもそれを了承していたが、スタジオが認めず、慌てて衣裳デザイナーに衣裳を作らせて、現在のような衣裳になった。

「デューン 砂の惑星 Ⅰ&Ⅱ」

文＝平沢 薫

たっぷり時間を使い、原作小説にできるだけ忠実に映像化する

航宙ギルドが銀河系を統治する皇帝シャダム4世を訪問する

1984年全米公開されたデヴィッド・リンチ版の16年後、2000年12月に米ケーブルTV局サイファイ・チャンネルで放送されたのがTVミニシリーズ「デューン 砂の惑星Ⅰ」（以下「Ⅰ」）。その2年半後の2003年5月にその続編TVミニシリーズ「デューン 砂の惑星Ⅱ」（以下「Ⅱ」）が放送された。各シリーズ全3話で各話約95分、「Ⅰ」は計4時間25分、「Ⅱ」は計4時間26分で製作された。

「Ⅰ」は、デヴィッド・リンチの映画同様、全5作の原作小説シリーズの第1作「デューン 砂漠の惑星」を映像化したもの。「Ⅱ」はシリーズ第2作「デューン 砂漠の救世主」の一部と第3作「デューン 砂漠の子供たち」を映像化している。2つのシリーズはどちらもサイファイ・チャンネル史上、最も高い視聴率を記録。作品としても高く評価され、エミー賞のミニシリーズ部門で「Ⅰ」は撮影賞、特殊効果賞、音響編集賞を受賞、「Ⅱ」は特殊効果賞を受賞した。

「Ⅰ」は、アトレイデス公爵の息子ポールが、砂の惑星デューンで自らの運命に目覚め、フレメンと協力して宿敵ハルコンネン男爵を倒し、惑星アラキスを統治するようになる。そして「Ⅱ」は「Ⅰ」から10年以上の年月が経った後の物語。中心となるのは、ポールとチャニの間に生まれた双生児の男女、レト2世とガニマ。そして、今はアラキスを統治す

惑星カラダンを統治するレト・アトレイデス公爵（ウィリアム・ハート）と妻のレディ・ジェシカ（サスキア・リーヴス）

レト・アトレイデス公爵の息子ポール・アトレイデス（アレック・ニューマン）

ポールを指導するアラキスの生態学者リエト・カインズ博士（カレル・ドブリ／右）

るポールの妹アリア。アラキスでフレメンの不満が高まる中、皇帝の座を狙うコリノ家が陰謀を企てる。

監督は「Ⅰ」がジョージ・A・ロメロ監督作のアシスタント・ディレクター出身で『フロム・ザ・ダークサイド／3つの闇の物語』（90）を監督したジョン・ハリソン。彼は「Ⅰ」「Ⅱ」の脚本も手掛けた。「Ⅱ」の監督はTVM『インビジブル・マン』（00）のグレッグ・ヤイタネス。彼は後に「Dr.HOUSE ドクター・ハウス」で08年のエミー賞監督賞を受賞している。

また「Ⅰ」「Ⅱ」とも個性的な登場人物たちが織りなす群像劇なので、キャストも多彩。しかし「Ⅰ」のジョン・ハリソン監督は「有名な俳優を起用しようとは考えなかった。この作品のスターは俳優ではなく、『デューン』という物語だから」と語っており、そのコンセプトのもとにキャスティングし、物語の中心となるポール役には、まだ新人だった英国俳優アレック・ニューマンを起用した。とはいえ、有名俳優も出演し、「Ⅰ」には『蜘蛛女のキス』（85）でアカデミー賞主演男優賞受賞のウィリアム・ハートが原作の大ファンで、自ら望んでポールの父レト役で出演。「Ⅱ」のレト2世役は、後に『ナルニア国物語／第Ⅰ章：ライオンと魔女』（05）でブレイクする英国男優ジェイムズ・マカヴォイが演じている。

先述の監督の発言通り、基本的に

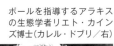

ポールの息子レト・アトレイデス二世（ジェームズ・マカヴォイ）

ポールが統治する砂の惑星デューン=アラキスで、コリノ家のウェンシシア（スーザン・サランドン）が復権を狙い、陰謀をめぐらせていた

ウェンシシアは死亡したダンカン・アイダホ（エドワード・アタートン）を複製し、ムアドディブの暗殺者として送り込もうとする

原作に忠実な映像化だが、大胆に脚色されているのが、皇帝の娘イルランの描き方。原作ではデューンについて歴史書を書いた人物で、彼女の書物からの引用は記載されるが、本人はほとんど登場しない。しかしこのTV版では、皇帝である父とは別に、自らの意思で行動する人物として描かれ、ストーリーに関わっていく。もともと原作小説には、強い意思と行動力を持つ女性が多く、ポールの母ジェシカ、ポールの恋人チャニがその筆頭だが、どちらもポール側の人物。そこに、ポールと対立する皇帝側の人物であるイルランを登場させることで、ストーリーをより立体的に描いている。

しかし、このシリーズの何よりの魅力は、ミニシリーズというフォーマットを生かして、劇場映画よりもたっぷり時間を使い、原作小説にできるだけ忠実な映像化を目指したことだろう。長さがあるので、デヴィッド・リンチ版では省略された設定説明やエピソードも描かれ、原作ファンたちの支持を集めた。また、それが説明的にならないように工夫され、例えば、この世界にどんな勢力があり、どんな関係にあるのかは、ポールが学習するホログラムで教師に語らせたり、ポールと父の会話の中で触れられたりする。このようにして、原作のストーリーの背後にある政治劇、環境問題、異文化との共存などのさまざまな要素が反映されて本作の魅力になっている。

デューン 砂の惑星 I&II The Complete Blu-ray BOX

Frank Herbert's Dune

2000年アメリカ・カナダ・ドイツ合作TV／監督＝ジョン・ハリソン／出演＝ウィリアム・ハート、アレック・ニューマン、サスキア・リーヴス、イアン・マクニース、ラズロ・I・キッシュ、ジャンカルロ・ジャンニーニ、ジュリー・コックス、ウーヴェ・オクセンクネヒト、バーボラ・コディトヴァ、P・H・モリアーティ

Frank Herbert's Children Of Dune

2003年アメリカ・カナダ・ドイツ合作TV／監督＝グレッグ・ヤイタネス／出演＝アレック・ニューマン、ジェームズ・マカヴォイ、スーザン・サランドン、ジュリー・コックス、アリス・クリーグ、エドワード・アタートン、イアン・マクニース、スティーヴン・バーコフ、ダニエラ・アマヴィア、バーボラ・コディトヴァ、P・H・モリアーティ、ジェシカ・ブルックス

発売＝「砂の惑星 TVシリーズ」発売委員会／販売＝株式会社ハピネット・メディアマーケティング

TV版「デューン 砂の惑星 I&II」裏話、メイキング、トリビア

文＝平沢 薫

【製作規模】

「I」の製作費は当時のTVシリーズとしては破格の2000万ドル。しかも、関わったキャストやスタッフには原作ファンが多く、彼らは通常よりも安い賃金で参加したという。

撮影はチェコ共和国のプラハにあるパランドフ撮影所で敢行。スタジオ内に巨大なセットが設営され、第4スタジオは砂漠のシーン用に砂で満たされた。

ポストプロダクションはロサンゼルスで行われ、関わった人数は会社と個人を含めて100人以上。特殊効果にかかった時間は、設定やデザインから含めて約8～9ヵ月に及んだ。

【メイキング】

撮影

世界各地の砂漠をロケハンした結果、砂漠では風などにより撮影が困難なことが分かり、撮影はロケではなくスタジオで行うことに決定。プラハのスタジオ内に構築されたセットで行われた。砂漠のシーンは「I」の撮影監督であるイタリア出身のヴィットリオ・ストラーロの考案による〝トランズライト〟という方式を使用。その方式はスタジオに9m×76mの巨大なスクリーンを設置して砂漠の光景を映し出して、それを背景に出演者たちが演じ、それを撮影するというもの。映し出される砂漠の光景には、ストラーロ自身が撮った『シェルタリング・スカイ』（90）や『イシュタール』（87）の砂漠の光景が用いられた。

「II」では撮影監督が代わり、ポーランド出身のアルトゥル・ラインハルトが担当。彼は後にハリウッドでジェームズ・フランコ、ヘンリー・カヴィルらが共演した『トリスタンとイゾルデ』（06）を撮影する。

特殊効果

ビジュアル・イフェクツ・スーパーバイザーは、ジェームズ・キャメロン監督と『ギャラクシー・オブ・テラー／恐怖の惑星』（81）、『ターミネーター』（84）、『アビス』（89）、『ターミネーター2』（91）で組んできたアーネスト・D・ファリノ。スーパーバイザーには、今やTV「ウォーキング・デッド」の監督も手がける特殊メイクの名手、『マウス・オブ・マッドネス』（95）のグレッグ・ニコテロも参加している。

デューンで使われる飛行型乗り物〝ソプター〟は、俳優たちが乗り込んで演技をするための原寸大のものが制作され、CGI製のソプターと併用された。

美術

「I」のプロダクション・デザインは、ジャン・ピエール・ジュネ&マルク・キャロ監督『デリカテッセン』（91）、エミール・クリストリッツァ監督『アンダーグラウンド』（95）を手がけた、

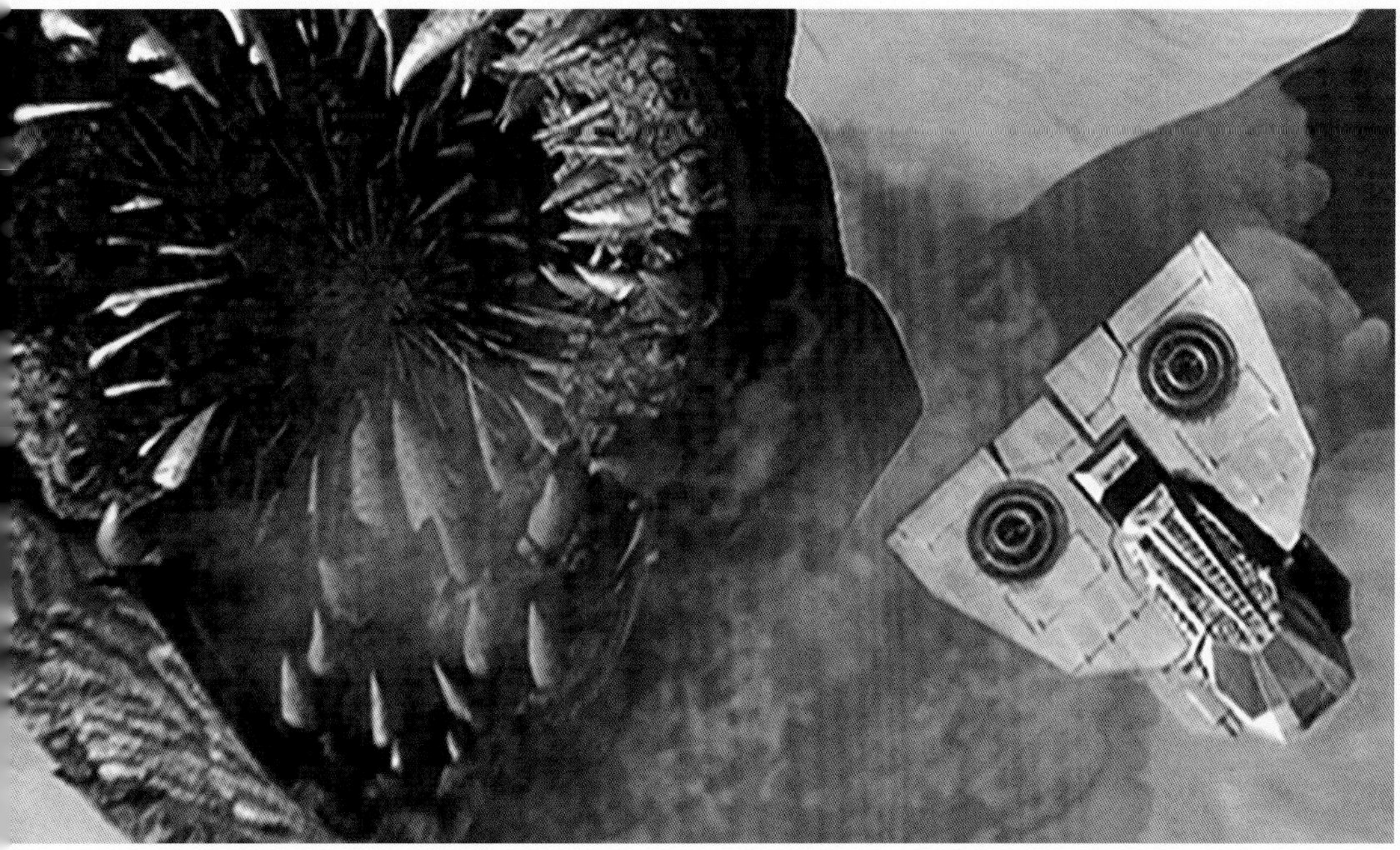

ユーゴスラビア出身のミリアン・クレカ・クリアコヴィッチ。それぞれの集団の居住空間にはコンセプトと主張色があり、皇帝の惑星はアールヌーヴォー、優雅さ、紫色、黄金。ハルコンネン男爵の惑星は赤色、四角形、鋭角的。アラキス統治者の城はモロッコ風宮殿、古い場所。フレメンの生活は、料理の仕方、洞穴での暮らし方を意識して描かれた。

「Ⅱ」のデザイナーはチェコ出身のオンドレイ・ネクヴァシール。彼女は『幻影師アイゼンハイム』(06)、『スノーピアサー』(13)、『アンダーワールド ブラッド・ウォーズ』(17)などハリウッドで活躍中。

衣裳デザイン

衣裳デザインは「Ⅰ」「Ⅱ」ともチェコ出身のテオドール・ピステックが担当。モーツァルトを描く『アマデウス』(84)でアカデミー賞衣裳デザイン賞を受賞、『恋の掟』(89)でも同賞にノミネートされた彼は、SFが好きではなく、この映画に興味がなかったが、監督は「SFではなく、シェークスピアの物語として考えて欲しい」と依頼した。デザインのコンセプトは〝アラブと東洋の融合〟だった。

【キャスティング】

「Ⅰ」のジョン・ハリソン監督は、ジェシカ役に『炎のランナー』(81)、『バーフライ』(87)のアリス・クリーグを希望したが、彼女はスケジュールの都合で出演できなかった。しかし「Ⅱ」では、「Ⅰ」でジェシカ役を演じたサスキア・リーヴスがスケジュールのため出演できなくなり、アリス・クリーグがジェシカ役を演じている。

他にも「Ⅰ」と「Ⅱ」では別の俳優が演じた登場人物がいる。フレメンのリーダー、スティルガー役は「Ⅰ」は『U・ボート』(81)のドイツ俳優ウーヴェ・オクセンクネヒト、「Ⅱ」は『007/オクトパシー』(83)の英国俳優スティーヴン・バーコフ。ダンカン・アイダホ役は「Ⅰ」は『クライヴ・バーカー 血の本』(09)の英国俳優ジェームズ・ワトソン、「Ⅱ」は『仮面の男』(98)の英国俳優エドワード・アタートンが演じた。

また、「Ⅰ」「Ⅱ」で同じ俳優が別の役を演じるケースもあった。チェコの俳優カレル・ドブリは「Ⅰ」ではリエト・カインズ博士役を、「Ⅱ」ではフレメンの戦士コーバ役を演じた。また、チェコの女優クララ・イソヴァは「Ⅰ」ではアトレイデス家で働くフレメンの侍女役、「Ⅱ」では別のフレメン、リチナ役を演じた。

【トリビア】

- TV版も原作通り、デューンの先住民フレメンたちの目は、香料メランジのせいで白目がなく青いという設定。そのため、フレメンを演じる俳優たちはみな紫外線を反射するコンタクトレンズを装着し、撮影カメラのレンズに紫外線を吸収するUVフィルターを使って撮影した。
- フレメンはほぼ全員、チェコ出身の俳優が演じている。
- デューンの砂漠で着用する〝スティルスーツ〟は、ナスカー等のモータースポーツレースでレーサーが着用するクールスーツを参考に作成された。クールスーツは、レーサーの体温が高くなりすぎるのを避けるために、スーツの内部に冷たい水が蓄えられている。
- 香料のメランジとして使われたのは、中国産の高級紅茶の葉。また、ポールとガーニーが再会するシーンの香料には、ハーブのオレガノの葉が使われた。
- フレメンのチャニのヘアスタイルの一部は、エジプトのクレオパトラのヘアスタイルを参考にして考案された。
- ポール役のアレック・ニューマンと、イルラン姫役のジュリー・コックスは、撮影当時は交際中だった。後に破局して現在は別の相手と結婚している。

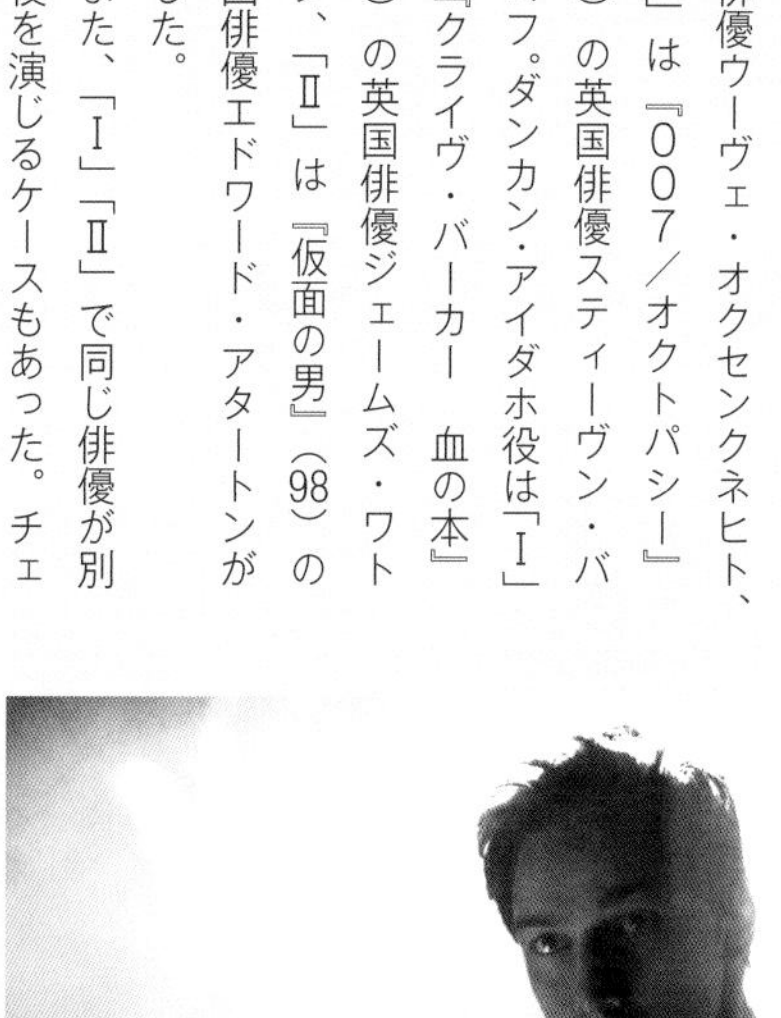

『ホドロフスキーのDUNE』

文＝平沢 薫

映画化が実現しなかった
ホドロフスキー版『DUNE』の顛末を描く

1975年、若きアレハンドロ・ホドロフスキー監督（左端）は「デューン 砂の惑星」の映画化を夢見た

『エル・トポ』（69）、『ホーリー・マウンテン』（73）のカルト監督アレハンドロ・ホドロフスキーが、1975年に構想し、実現しなかった小説「デューン 砂の惑星」の映画化企画は、映画ファンの間では伝説となっていた。その伝説の実態を、37年後の2012年に、当時を振り返って描くのがこのドキュメンタリー。当時の記録映像作品ではなく、2012年にホドロフスキー監督や関係者たちが当時を語る映像と、当時の絵コンテ、コンセプトアートなどで構成。加えて、現代の個性派監督2人、『ネオン・デーモン』（16）のニコラス・ウィンデング・レフンと『ハードウェア』（90）のリチャード・スタンリーがこの企画についての思いを語るシーンもある。

当時の製作裏話も楽しいが、さらに、もしこの企画が実現したらどんな映画になったのかが想像できるように作られているのが、本作の魅力。ホドロフスキー監督自身が映画のコンセプトやストーリーを熱く語るのに加えて、当時のイメージイラストや絵コンテも続々。人気コミック作家メビウスが描いた主要登場人物たちのカラーのイメージイラストや、彼が描いた絵コンテを使ったアニメーション映像は魅力的。後に『エイリアン』に参加するH・R・ギーガーによるハルコンネン男爵の館のイラストや、SF画家クリス・フォスによる宇宙船などのイラストも登場。ホドロフスキー監督が『ダーク・ス

クリス・フォスによる宇宙船のイメージ画

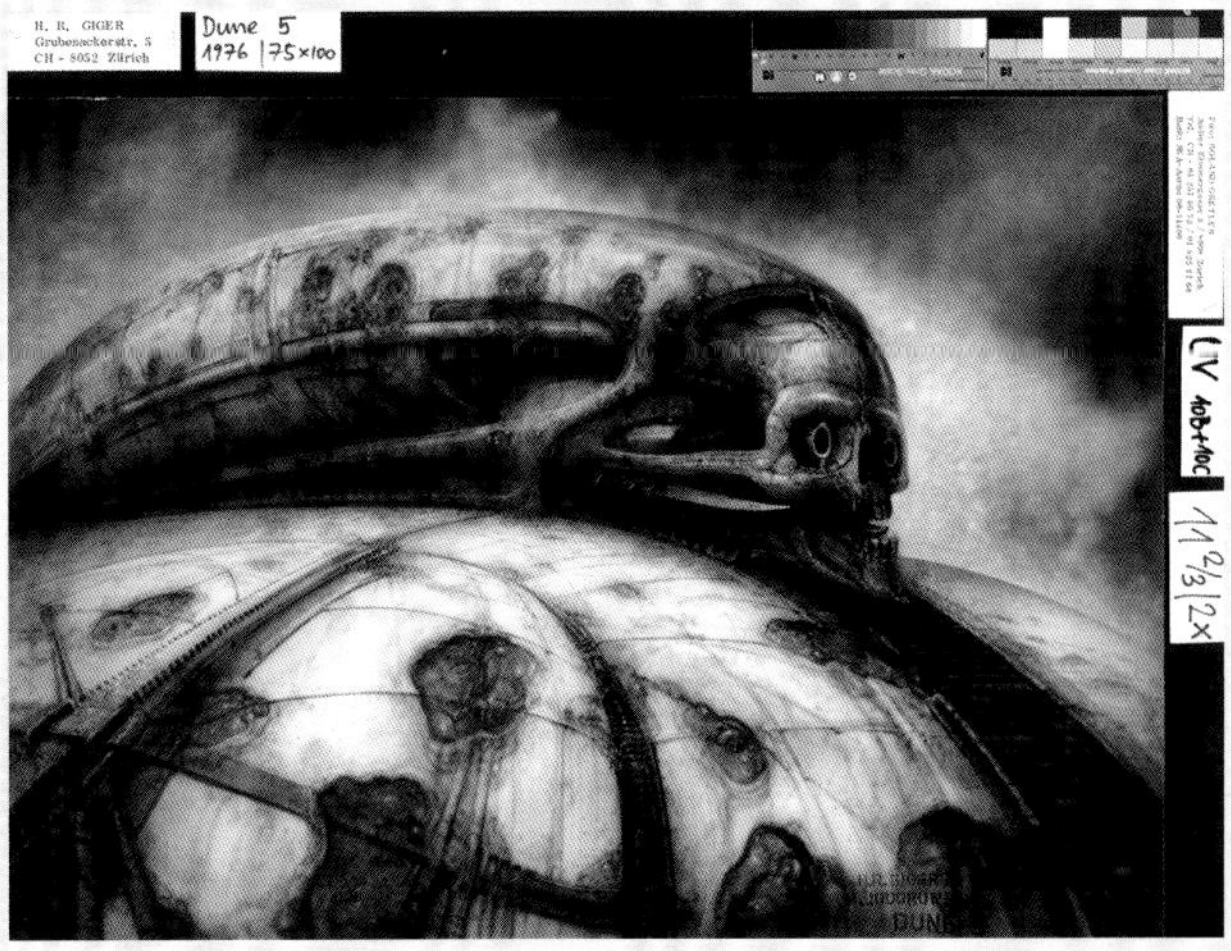

H.R.ギーガーによるハルコンネン男爵の城のイメージ画

メビウスによるハルコンネン男爵のデザイン画

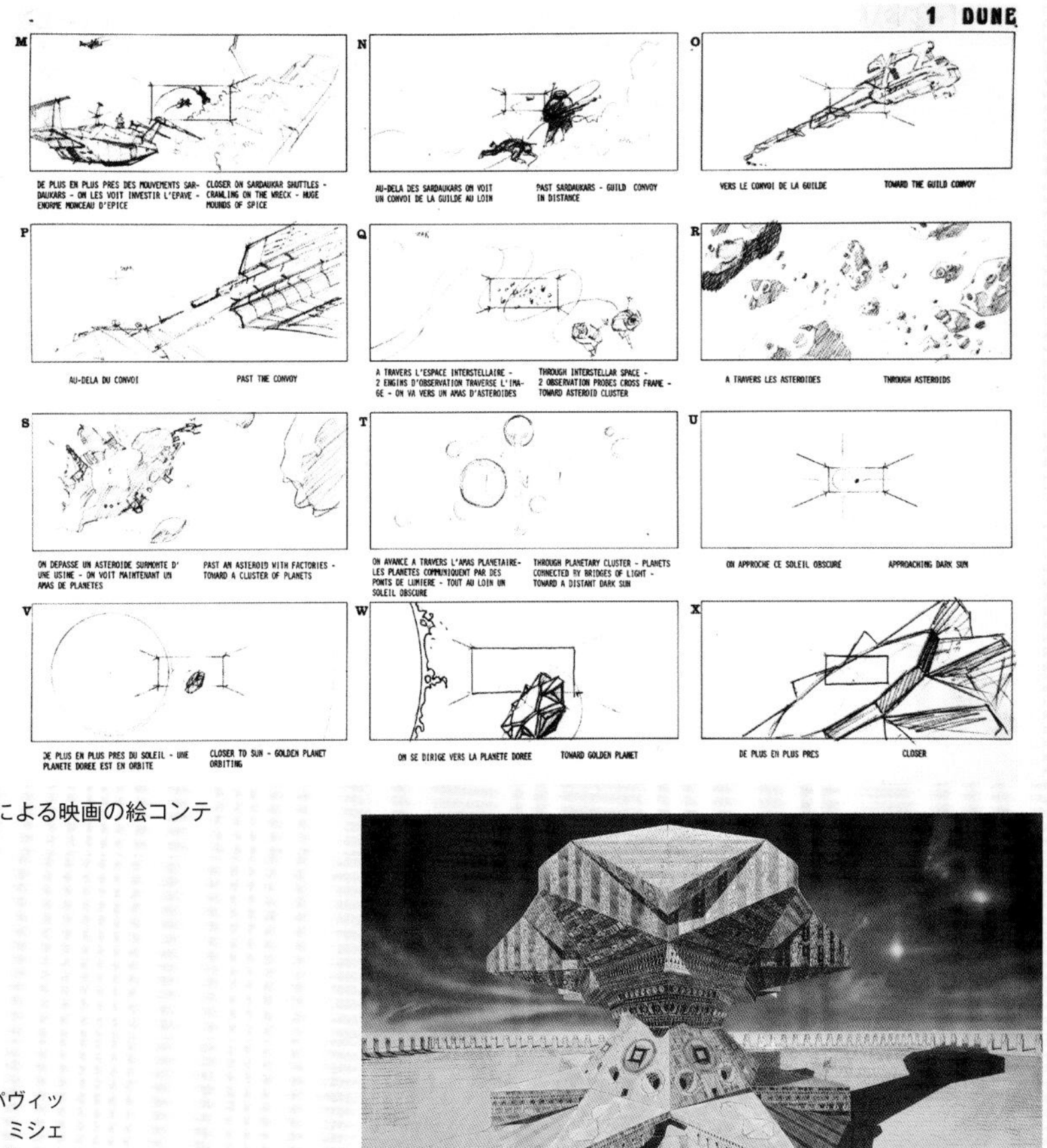

メビウスによる映画の絵コンテ

2013年アメリカ映画/監督=フランク・パヴィッチ/出演=アレハンドロ・ホドロフスキー、ミシェル・セドゥー、H.R.ギーガー、クリス・フォス、ニコラス・ウィンディング・レフン/本編90分/DVD、ブルーレイ発売中/発売元=アップリンク/販売元=TCエンタテインメント

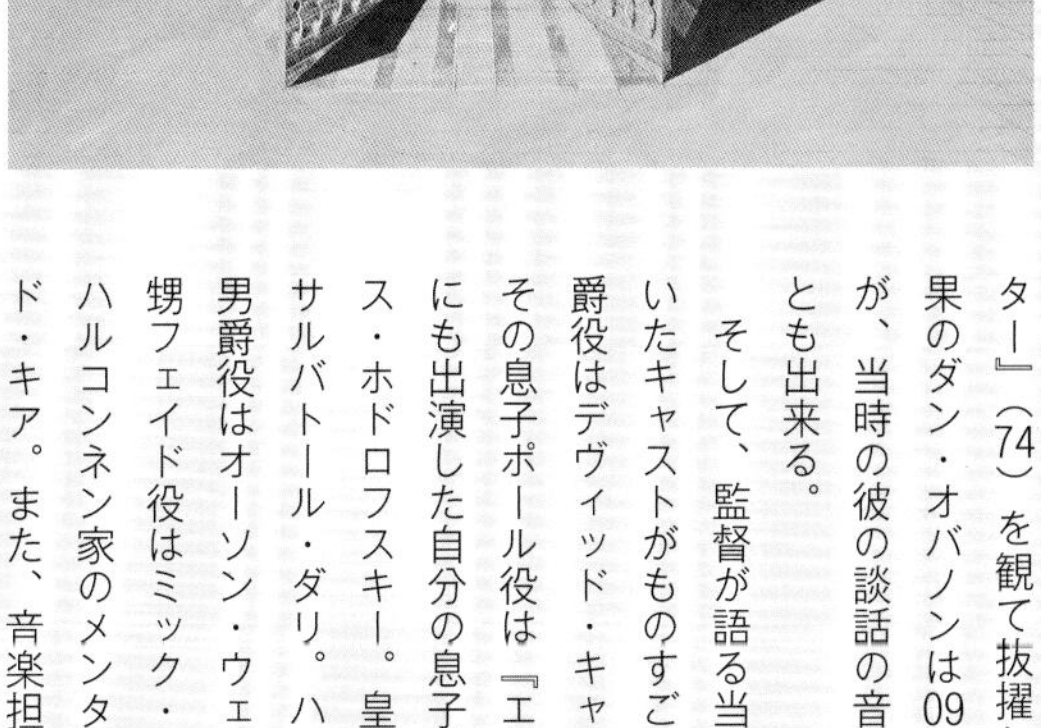

クリス・フォスによる建築物のイメージ画

ター』(74)を観て抜擢した特殊効果のダン・オバノンは09年に没したが、当時の彼の談話の音声を聞くことも出来る。

そして、監督が語る当時予定していたキャストがものすごい。レト公爵役はデヴィッド・キャラダイン。その息子ポール役は『エル・トポ』にも出演した自分の息子ブロンティス・ホドロフスキー。皇帝役は画家サルバトール・ダリ。ハルコンネン男爵役はオーソン・ウェルズ。その甥フェイド役はミック・ジャガー。ハルコンネン家のメンタート役はウド・キア。また、音楽担当には人気バンドの起用を考え、アトレイデス家の音楽はピンク・フロイド、ハルコンネン家の音楽はフランスのバンド、マグマを予定。ホドロフスキー監督自身が語る、彼らとどのように会ってどう交渉したかという思い出話は出来過ぎでマユツバものだが、聞いているだけで楽しい。

さらにこのドキュメンタリーは、この企画の中止以降をも描く。ホドロフスキー監督は、同じ小説を映画化したデヴィッド・リンチ監督版をどう観たのか、映画が撮れなくなったときに何をしたのか。そして、実現しなかったこの企画が、その後のSF映画に与えた影響も考察していく。思えばこの企画は、新作映画『DUNE/デューン 砂の惑星』にも何かの影響を与えているのではないか。そんな視点から本作を観直すと、何か発見がありそうだ。

フランク・ハーバートってこんな人

The Biography of Frank Herbert

文＝町田敦夫

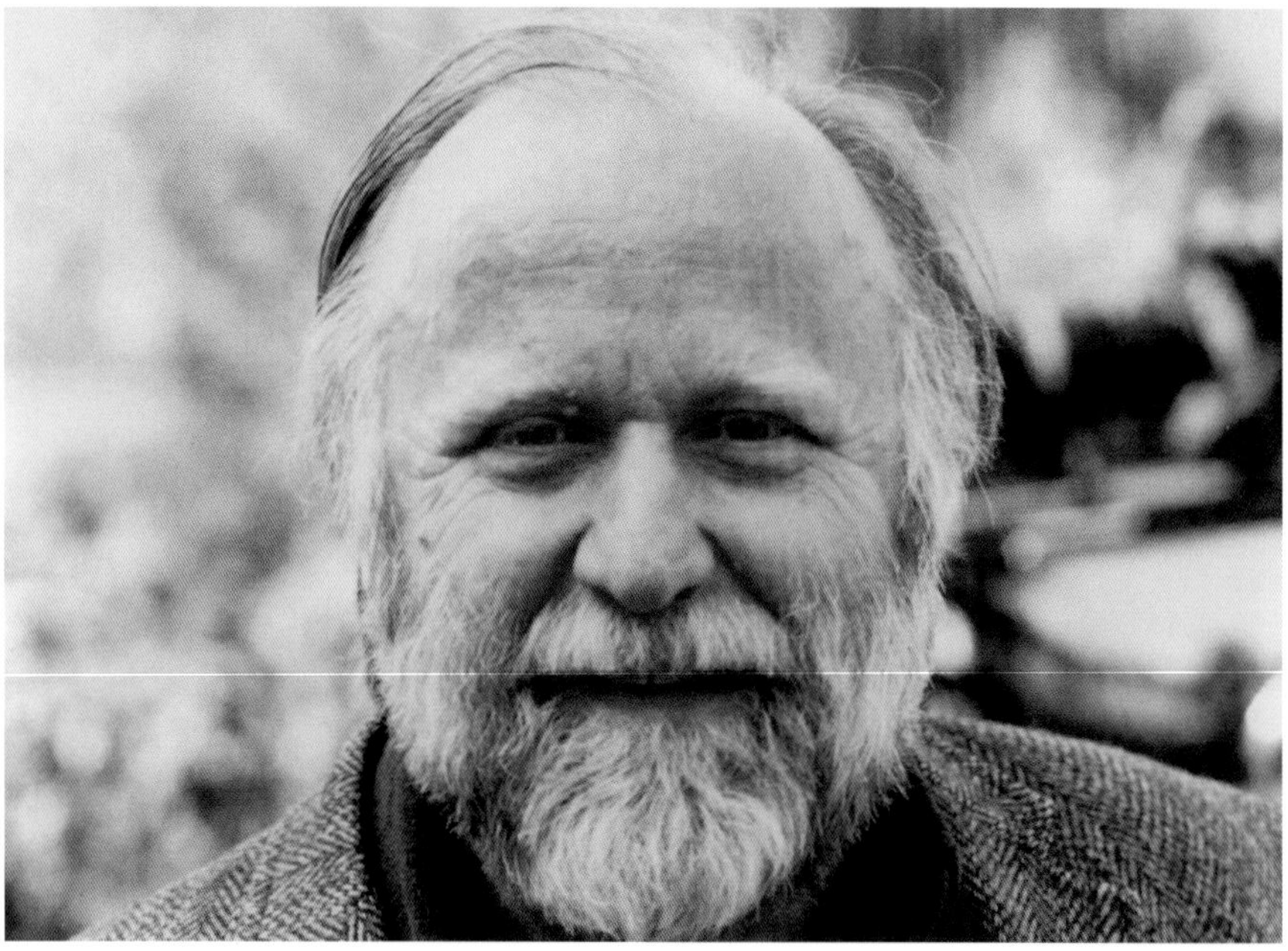

Photofest/Zeta Images

20数社の出版社から断られた「デューン 砂の惑星」

フランク・ハーバートは1920年に米国ワシントン州西部のタコマで生まれた。世代的には同じSF作家のアイザック・アシモフやアーサー・C・クラークとほぼ重なるが、両巨匠に比べてヒット作は少なく、映画ファンには「デューン」シリーズ以外はあまり知られていないかもしれない。

ハーバートの一家は1928年に同州バーリーの農場に転居。フランク少年は鶏や牛の世話をしながら育った。しかしどこに行くにも本を手放さず、級友からは「何でも知っている天才タイプ」と見られていたという。愛読書は予想に違わずエドガー・ライス・バローズやH・G・ウェルズの古典SFで、早くも8歳の誕生日に、彼は「作家になりたい」と家族の前で宣言している。「従兄弟たちのために物語をこしらえるのが最高の創作修行になった」と、あるインタビューでハーバートは語った。「彼らはタイトルだけ持ってやって来るんだ。『血と誓い』とかね。私はそれに合った物語を作ってやっていた」

1941年に最初の結婚をするが、一児を設けた後の45年に離婚。第2次世界大戦中には海軍で写真撮影の仕事に従事し、43年に除隊した。その後は主として西海岸の複数の新聞社でキャリアを積むが、彼の興味やバイタリティはジャーナリズムという1つの枠内には収まりきれなかったと見え、カキ漁のダイバーやジャングルでのサバイバル法のインストラクターといった異色の仕事にも手を染めている。

1946～47年にはワシントン大学に通ったが、卒業はしそこねた。どうやら興味のある学科しか学ぼうとせず、必要な単位を取得できなかったためらしい。とはいえハーバートは、そこで卒業証書にも勝る貴重なものを手に入れた。同じ文学創作クラスで出会ったビヴァリー・アン・スチュアートだ。そのクラスの学生の中で、すでに自作を雑誌などに売った経験を持っていたのは彼ら2人だけだった。

ハーバートと結婚したビヴァリーは1947年に長男ブライアンを出産。ブライアンはハーバートの死後、「デューン」シリーズを書き継ぐことになる。ビヴァリーは妻や母親としての役割をこなす一方、編集者や相談役、信頼すべき同志として夫を支えた。またハーバートが作家として一本立ちするまでの間、百貨店の広告ライターの仕事に就いて、生計費を稼いだ。

新聞社での仕事のかたわら、ハーバートは40～50年代にかけて、SF短編を書いては雑誌社に送った。しかし掲載を断られることも多く、出版されたのは20作品程度にとどまっている。

そんな運気が好転したのは、長編の創作に目を転じ、持ち前の想像力をより大胆に解き放ち始めてからだ。1955年には最初のSF長編「21

世紀潜水艦」を上梓した。この作品は東西の冷戦を背景に、近未来の世界で作戦を遂行する一隻の潜水艦の活動を追ったもの。ただしハーバートは、冒険や国際政治よりも、むしろ閉鎖空間における乗組員の心理描写に力点を置いた。潜水艦の司令室などの詳細な描写は、後に英国海軍にも参考にされている。

長編第2作となる「デューン 砂の惑星」が書き上げられたのは、それから10年を経た１９６５年のことだ。アイディアの元になったのは、オレゴン州の海岸で米国森林局が実施していた砂丘の管理事業だった。69年のインタビューによれば、そもそもは雑誌記事を書くためにそれを取材し始めたのだという。

「ところがすっかり砂丘に魅了され、必然的に砂漠にも関心が広がった」と、ハーバートは言う。「気がついたら、雑誌記事や短編小説を書くには多すぎるほどの材料を集めていたよ。結果的に、砂漠の生態学についての非常に興味深い知識が手に入った。ＳＦの書き手としては、そこから『惑星全体が砂漠に覆われた星があったらどうだ』という着想を得るのはたやすかった。一方では多くの宗教が砂漠の環境から生まれたことも知っていたから、その両者を１つに合わせることにしたんだ」

記事は結局書かれなかったが、彼の手中には長大なサーガの〝種〟が残った。「デューン」シリーズを貫くテーマの複雑さや広範さを考えれば、このときリサーチした資料の中に、神話や宗教、民俗学などの研究書である「金枝篇」12巻や、法華経までが含まれていたというのも、うなずける話だ。

「デューン 砂の惑星」は、20数社から出版を断られた末に、１９６３年から雑誌に連載され、その2年後に単行本が出た。後には十を超える言語に翻訳され、世界中で１０００万部以上が販売されている。ＳＦ文学界では最も権威の高いネビュラ賞とヒューゴー賞もダブル受賞した。

ハーバートは他の作品と並行してその後もシリーズを書き継ぎ、85年の「デューン 砂丘の大聖堂」に至る全6部を刊行した。20年を費やした文字どおりのライフワークだ。晩年に近い84年にはご存じのとおり、デヴィッド・リンチ監督による映画版『デューン／砂の惑星』が公開された。同作について、ハーバートは次のように語っている。

「あの映画のセットやシーンは、私が思い描いたものと見事に合致していたものもあれば、そうでないものもあり、中にはより良いものもあった。それこそがデヴィッドのようなアーティストに期待するものだ」

ハーバートはビヴァリーに先立たれた2年後の１９８６年に、ウィスコンシン州マディソンで癌のために他界した。だがいち早く生態学的な視点を取り入れた彼の著作は、死後30数年を経ても、その重要性を減じることはない。

Books by Frank Herbert

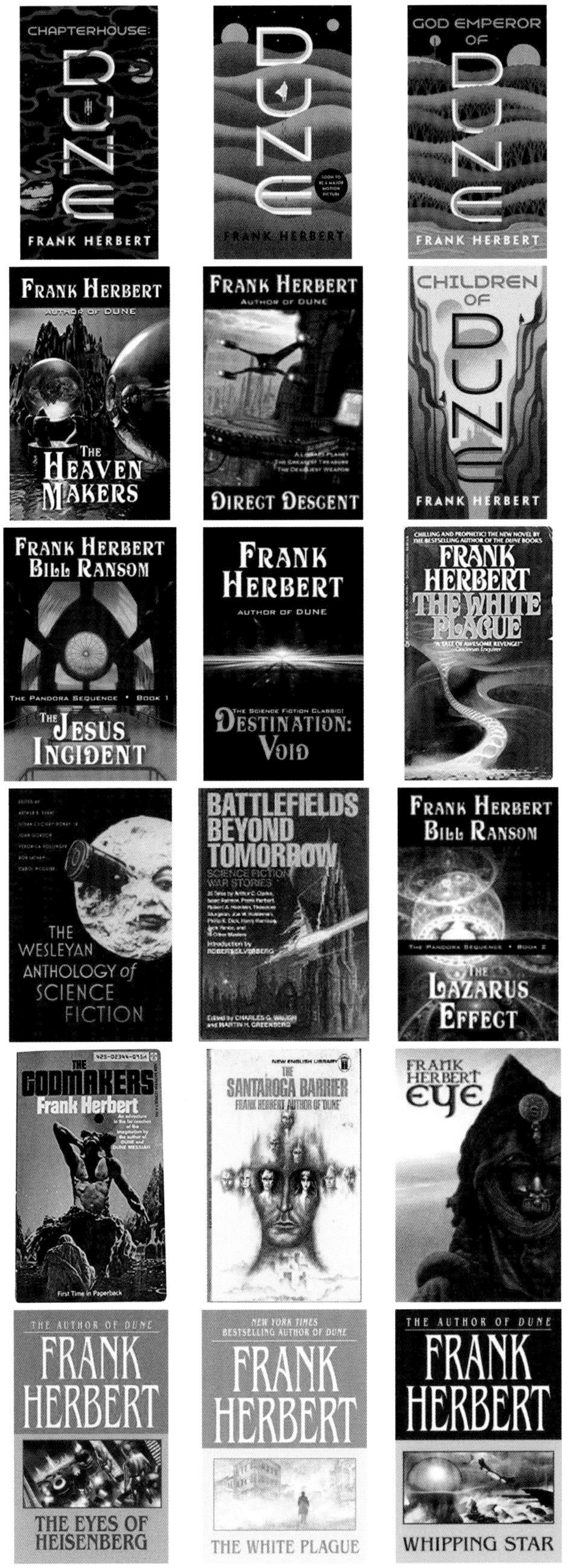

〈参考資料〉
https://www.encyclopedia.com/history/encyclopedias-almanacs-transcripts-and-maps/herbert-jr-frank
https://www.biblio.com/frank-herbert/author/388
https://www.motherearthnews.com/nature-and-environment/frank-herbert-science-fiction-author-zmaz81mjzraw
http://www.sinanvural.com/seksek/inien/tvd/tvd2.htm
https://www.slashfilm.com/david-lynch-and-frank-herbert-discuss-dune/

「デューン 砂の惑星」[新訳版]
フランク・ハーバート／酒井昭伸訳／ハヤカワ文庫

空前絶後のSF叙事詩「デューン 砂の惑星」&フランク・ハーバートとの思い出

文＝豊田有恒

「デューン 砂の惑星」は、SF作家フランク・ハーバートが、1963年「アスタウンディングSF」誌に発表し、1965年に単行本として刊行した大河SF小説である。その後、SF界の最高峰ともいうべきヒューゴー賞、ネビュラ賞などを受賞し、後日談、外伝も含めて、ほぼ20年間にわたって書きつがれた超大作である。

物語は、遥か未来の星間帝国で、アトレイデス公爵の一族が、惑星アラキス、通称デューンに移封されるところから始まる。そこで描かれる世界観は、きわめて中世的で、スタートとしては、違和感を感じさせる部分だが、まもなく、きちんとした説明がある。人類は、思考機械の反乱を鎮圧したばかりという設定で、登場人物に〝汝、人心《ひとごころ》を持つがごとき機械を造るなかれ〟という教えがあると言わせている。SFは、かならずしも予言の文学ではないが、なにやら現在問題になっているAI（人工知能）の弊害を、予見しているようでもある。そのため、星間航行能力、反重力技術を持つ未来世界にしては、人の手でできることは、自動機械のようなツールには頼らないわけだ。

作者のフランク・ハーバートは、第2次世界大戦中は、海軍のカメラマンとして働いたが、戦後はワシントン大学に入学したものの、パルプ雑誌にSFを投稿したりし、好きな科目以外は勉強に精を出すことなく、やがて中退する。30代の半ばで、「二十一世紀潜水艦」という長編SFを刊行し、それなりの評価を受けるが、それに満足せず、のちに「デューン」シリーズとなる作品の資料集めと、構想に着手する。「デューン」の背景となる膨大ともいえる歴史学、博物学、生態学、民族学などの知識は、この雌伏期に収集されたものらしい。

その勉強の成果だろう。ハーバートは「デューン」という架空の惑星を、住民から気象条件、生態なども含めて、詳細に設定してしまった。そのリアリティは、驚くべきものである。例えば、砂の惑星の原住民は、相手に唾を吐きかけるのが、最上の礼儀となっているとするあたり、奇妙ともいえる説得力がある。水分の乏しい惑星で、自分の体内の水分を相手にかけるわけだから、これ以上の礼はないということになる。

また、この惑星には、メランジという麻薬のようなハーブ類が産出する。その採掘権益が移封されたアトレイデス公爵家のものとなったのだが、一筋縄ではいかない。メランジを産出する砂漠には、全長数百メートルにも及ぶサンドワームという巨大な生物が棲んでいて、採掘作業の妨げとなっている。このサンドワームのイマジネーションは、後の多くの作品に影響を与えている。地下の怪物との戦いを描いた映画『トレマーズ』は、明らかに「デューン」の影響を受けているし、『風の谷のナウシカ』に登場する王蟲《おーむ》も、サンドワームへのオマージュだと言われる。

アトレイデス公爵家の御曹司ポールを主役として、ライバルには、ハルコンネン男爵家を設定している。両家の因縁なども、丁寧に描かれているが、ストーリー展開にも、背景資料同様に、ハーバートの並々ならぬ勉強ぶりがうかがえる。ポールの運命は、さながら鉄木真《テムジン》、若き日のジンギスカンのようである。ハーバートは、たぶん「元朝《げんちょう》秘史《ひし》」までも目を通しているのだろう。孤立無援となった鉄木真《テムジン》は、やがて諸部族を糾合して捲土重来をはかるのであるが、ポール・アトレイデスは、メランジの魔力によって超能力を得て、宗教的なカリスマとなり、返り咲きを果たすことになる。ストーリーに関わることは、新作の映画化で楽しんでもらうとして、「デューン」の映像化の経緯について、語っておくべきだろう。

　もともと、あまりにも規模が大きすぎて、映像化不可能とまで言われた作品だが、チャレンジする動きは1973年に早くも起こっていた。この最初の試みは、名優オーソン・ウェルズばかりでなく、画家サルバトール・ダリを敢えて俳優として起用し、映画化するというものだった。このとき、スイスから、デザイナーとしてハンス・R・ギーガーが招かれている。しかし、あまりにも製作費がかさむとして、とうとう企画倒れになってしまった。ただ、この企画でアメリカに招かれたギーガーは、名作『エイリアン』の造形を手掛けることになり、世界的な名声を確立する。

　やがて、イタリアのプロデューサー、ディノ・デ・フウレンティスが、原作権を買い受け、巨匠デヴィッド・リンチの監督で、映画化が実現することになった。主人公のポール役には、カイル・マクフクランが登用された。マクラクランは、後にSF映画『ヒドゥン』に主演する。この作品は、本命視されていた『ロボコップ』を蹴落として、ファンタスティック映画祭でグランプリを受賞するが、SFファンが文句なしに推す傑作である。映画『デューン／砂の惑星』は、錚々たるキャストを連ねたものの、当時の技術、予算では、壮大すぎる原作をスケール・ダウンせざるをえなくなり、興行的にはわずかに製作費を回収するに至らなかった。

　1984年11月、この映画の公開に合わせて、フランク・ハーバートは来日し、帝国ホテルにおいて、「デューン」の翻訳者でもあるSF作家矢野 徹さんのインタビューを受ける。矢野さんは、筆者とも、同業者としてばかりでなく、スキー仲間、マージャン仲間として、一回りもの年齢差を感じさせない付き合いをしてくださった。矢野さん、開口一番に、こう切り出した。

「こんな難解な小説を書く作家は、殴ってやりたいという読者が、いたそうですね？」

　矢野さんの先制パンチで、すっかり気持がほぐれたのか、ハーバートは、「デューン」における4つのテーマから、上機嫌で話しはじめた。

　第1は、教祖的リーダーの創造、第2は神話的要素、第3は冒険の要素、第4が恋愛、だという。つまり、エンターテインメントの要素を盛りこんだというわけだ。

　話題は、リーダー論に及ぶ。ここでも、彼の勉強ぶりが、うかがえるのだが、まずレーニンを槍玉に上げてみせた。こうしたイデオロギー的なリーダーの危険性を説いた後、今度は宗教的なリーダーの怖さにも言及する。かれが挙げた例は、教祖ジム・ジョーンズ率いる人民寺院である。1978年、キリスト教を標榜する人民寺院は、ガイアナにおいて、1000人近い信者の集団自殺事件を起こす。この時点では、まだ記憶に新しいところだった。ハーバートは、ポールという作中のリーダー像を描くにあたって、こうした多くの事例を学んで、作品に外挿《エクストラポレイト》したのである。

　また、かれは、1933年、フランクリン・ルーズベルト大統領のブレーントラストの報告を披露している。その時点から、25年後、つまり1958年にかけて実現する事件、技術、発明などを予測して列記したわけだが、この報告から漏れた5つの大きな事例があるという。トランジスタ（半導体）、原子力、抗生物質、超音速飛行、そして第2次世界大戦だそうである。たった、4分の1世紀の未来ですら、人間の想像力には限界があると、言いたかったのだろう。

　話は、日本と西欧の比較文化論に及ぶ。ハーバートは、日本人のイエス・ノーでない曖昧《アンビギュア》な態度には、禅の影響があるとする。禅は、宗教か、哲学かという鋭い疑問を投げかける。もともと英語のreligionは、キリスト教、イスラム教など、一神教を意味する。明治期、福沢諭吉、西周《にしあまね》など、西欧通は法教と訳すべきだと主張したが、神道、仏教を含めた意味に拡大解釈して、現在の宗教という訳語に落ち着いたのである。ハーバートが、日本文化にも並々ならぬ関心を持っていたことが分かる。

　また、相撲を観てきたというが、行司の役割にも疑問を呈する。一般のスポーツのようなレフリーではなく、権限がないことを指摘する。確かに、行司が、勝負の開始を宣言するわけではない。勝負の開始を決めるのは、立ち合いの阿吽の呼吸で、力士同士なのだ。ゴングが鳴るわけでもないし、ピストルの音を合図にするわけでもない。ここに、日本特有の文化を感じたらしい。

　インタビューのあと、矢野さんは、席を改めて、一杯やることにして、ハーバートを新宿へ伴った。筆者は、翻訳者の矢野さんから貰った「デューン」を、読んでいた縁で、矢野さんから呼ばれて、川又千秋さんとともに、新宿の酒場「深夜プラス1《ワン》」で、2人の到着を待った。日本の少壮SF作家（当時）と話したいというハーバートの希望があったらしい。この「深夜プラス1《ワン》」は、わたしの親友のSF作家平井和正とも親交のあったコメディアンの内藤 陳さんが、経営していたもので、後の直木賞作家馳 星周さんが、大学生時代にアルバイトをしていたことでも知られる。内藤さんは、本業のほか、書評家としても活躍していたから、かれにも会話に加わってもらうという、矢野さんの肚づもりがあったのだろう。

　矢野さんとハーバートを迎え、乾杯という運びとなり、アルコールが入ったところで、談論風発となった。自ら歴史学者を自認するハーバートは、「デューン」の背景となる歴史、環境、民族、風景まで、架空の世界ながら、綿密に設定した事情を語ってくれた。一種のシミュレーションであり、生態学《エコロジー》SFの嚆矢《コウシ》となった経緯が、よく分かった。ハーバートは、北海道へ行くと言っていた。アイヌ民族に興味があるという。民族学にも、造詣が深く、知識欲の旺盛な人だと、感じ入った。

　異才フランク・ハーバートは、この来日の2年後に世を去った。あれから40年近い歳月が経った。筆者のおぼろげな記憶から、あの出会いを再現してみた。新作映画『DUNE／デューン 砂の惑星』に期待したい。

profile
豊田有恒（とよたありつね）
作家。島根県立大学名誉教授。日本のSF作家第一世代として長く活躍している。新著に「ドイツ見習え論が日本を滅ぼす」（川口マーン恵美との共著）がビジネス社から刊行。

この稿を書くにあたって、早川書房のSF編集部清水直樹氏に、協力をいただいた。

「デューン 砂の惑星」原作の名場面集

文＝平沢 薫

原作に出て来る忘れられない名場面は、これまでの映像化作品にも登場しており、きっと今回の新作映画にも登場するに違いない。そのシーンが原作ではどのように書かれているのか、映像を想像しながら読むのも一興。映画を観た後で比べてみるのもおもしろい。**（注意：後半にはストーリー上のネタバレがあります）**

＊引用はすべてハヤカワ文庫「デューン 砂の惑星〔新訳版〕」フランク・ハーバード 酒井昭伸 訳」より

▼ポールがベネ・ゲセリットの教母の試練を受ける

ポールはベネ・ゲセリットの教母から小箱に片手を入れるように言われ、手を引き抜いたら首に突き付けた毒針を刺すと言われる。

●

「箱の中にあるものは?」

「苦痛さね」

（中略）苦痛！自分の世界から、ありとあらゆるものが消えた。あるのはただ、焼けつくように痛む手と、ほんの十センチほど離れたところから自分の顔を覗き込む、齢老いた顔だけだ。（中略）炙られている手の表面で皮膚が黒焦げになり、捲れ上がっていく。肉が消し炭のようになって剥離し、ついには黒焦げの骨だけが残った──気がした。

▼ポールはチャニの夢を見る

ポールは砂の惑星に到着する前から、ある少女が出て来る夢を見る。

●

「夢の中で、わたしは洞窟の中にいて……水があって……そこには若い娘が……大きな目をした、ひどく痩せた若い娘がいました。眼球全体が青くて、白目がまったくなくて」（中略）「その娘、前にも夢に出てきたことがありました。（中略）われわれがいるのは、岩場の中の、せまい空間です。そろそろ夜なのに、中は暑くて。岩場の開口部のひとつから外を覗けば、砂の広がりが見える。われわれは……あるものを待っているところです。（中略）娘がこういったんです──〝ウスール、あなたが生まれた惑星──そこの水のことを話して〟と」

▼ポールは暗殺装置に狙われる

ポールはベッドで寝ている時に、動きに反応して毒を注射する暗殺装置、〝誘導ハンター〟に攻撃される。

●

ポールは今、緊張病なみに全身をこわばらせ、微動だにせず立っていた。シールドがない以上、この脅威に対応するには、もはや機転によるほかない。（中略）（こいつを手でつかまなくちゃならない）とポールは思った。（重力中和フィールドのせいで腹側がすべりやすくなっているから、しっかりつかまないと）

▼砂の惑星の温室

水が貴重品である砂漠の惑星アラキスに着いたジェシカは、代々の統治者の居城の奥には植物を育てる温室があるのを発見する。

●

ミモザがある。花の咲いたマルメロがある。ソンダーギも、緑の花が咲くプレニセンタも、緑と白の縞模様が特徴的なアカルソーも……そして、バラも……「バラまであるの！」（中略）ひときわ鬱蒼として緑が濃い一体の、重なる葉をかきわせて部屋の中央を覗いてみた。そこに小さな噴水があった。

▼フレメンの挨拶

アトレイデス公爵は初めてフレメンの長スティルガーと対面し、彼らの作法に戸惑う。

●

フレメンはまじまじと公爵を見つめていた。ややあって、ゆっくりとベールを剥ぎとり、（中略）ゆっくりと身をかがめると、磨き上げられた天板にぺっとつばを吐いた。テーブルじゅうの者たちが卒然と立ち上がりかけたとき、アイダホの大声が部屋中に響きわたった。

「待てっ！」

一転して訪れた静寂の中で、アイダホは続けた。「感謝申し上げる、スティルガー、貴兄のからだの水分、贈り物として確かに賜わった。この水分をくだされし心延えと同等の至心を持って、これを拝受する」

▼レト公爵のハルコンネンへの攻撃

レト・アトレイデス公爵は、ハルコンネンに囚われ身体の自由を奪われ、歯に仕込んだ毒ガスで彼を倒そうとする。

●

テーブルの手前で、レトはじっと男爵を見つめていた。自分はなにをぐずぐずしているのだろう、差し歯を噛み砕けばたちどころに片がつく。だが──。わが人生は、おおむねすばらしいものだった。カラダンの貝殻ブルーの空にアンテナたこが揺れながら舞い上がる光景を思い出す。それを見て、ポールが大喜びで笑っていたことも。（中略）覚悟を決めたレトは、大きく息を吸い込み、差し歯のカプセルを思いきり噛みしめた。

▼ポールはビジョンを見る

デューンの砂漠でフレメンたちと暮らすポールは、大気や食糧に含まれる香料（メランジ）の影響でビジョンを見るようになる。

●

研ぎ澄まされた鮮明さ、データの流入、意識の冷徹な正確さ。床に座り込み、岩壁に背中をあずけ、過程に精神を委ねる。意識があの時間のない層に流れ込み、またしても時間を俯瞰できるようになった。ありうべきさまざまな道を通して、未来からの風を……そして過去からの風が感じ取れた。過去のヴィジョン、現在のヴィジョン、未来のヴィジョン――。そのすべてが渾然と重なり合った三重のヴィジョンは、〝空間に収斂した時間〟を見ることを可能にした。

▼**ハルコンネン男爵の歩行**

ハルコンネン男爵は、肥満体で歩行が困難なため、常に浮揚装置を装着している。

●

男爵はホールの向こうから、ゆらゆらと揺れてはすべるような、独特の動き出貼ってきた。浮揚装置で体重を軽減しているため、必然的にあんな動きになるのだろう。一歩動くたびに、あごの肉ひだが上下にぷるんぷるんと震え、オレンジ色のローブの下で、浮揚装置の突起がうごめくのが見える。

▼**ジェシカは「命の水」を飲む**

ジェシカは、フレメンの教母になるため、「命の水」を飲んで覚醒する。

●

ジェシカのまわりを渦巻く静寂が包みこむ。からだじゅうのあらゆる神経繊維と筋繊維が、自身の身になにか深淵なことが起こっているという事実を受け入れた。自分が意識を持った塵になったかのようだ。（中略）ジェシカは悟った。精神を微小次元に拡張させ、念動によって微小体を動かす超感覚能力が、突如として自分の中に覚醒したのだ。自分は塵でありながら、塵ではない。

▼**ポールが初めて砂虫に乗る**

フレメンはみな12歳で砂虫に乗る。ポールも一人前のフレメンとして認めてもらうため、砂虫に挑む。

●

おもむろに、左右のフックを持ちあげ、狙いを定めると、からだを前のめりにし、体節のひとつの前縁に先端を打ち込んだ。フックが食い込み、からだが引っ張られるのを感じた。ただちにジャンプし、体壁に足を押しつけつつ、食い込ませたフックに体重をかけ、姿勢を整える。真の試練の瞬間はここにあった。（中略）蟲が速度を落とし、起振杭を蹂躙して沈黙させた。ついで、ゆっくり横に回転しだした。

▼**アリアがハルコンネン男爵と対面**

ポールの幼い妹アリアは、ハルコンネン男爵の軍隊に捕らえられ、男爵と対面する。

●

左右からサーダカー二名に挟まれる形で底から歩み出てきたのは、小さな女の子だった。齢はせいぜい四歳というところだろう。（中略）おだやかな丸顔からは、フレメンに特有の青い目がこちらを見つめていた。怯えているふしはまったくない。そして、幼女の眼差しには、これといった説明もつかないまま、男爵を不安にさせる何かがあった。（中略）「ふうん、あのひともきたんだ」といって、女の子は台座の縁までやってきた。「たいした人物には見えないね。太りすぎて、浮揚装置の助けを借りないとからだも支えきれないほど脆弱な、ただの怯えた老人」

▼**フレメンの乗る砂虫の群が攻撃する**

フレメンたちは砂虫の大群に乗り、敵の陣地に攻め入る。

●

そのとき――大砂塵の合間に、なにか光沢を帯びて整然とならぶ、なにかの群れがかいま見えた。群れの各所で上下する、いくつもの巨大な円弧の内側には、クリスタルのスポークのようなものがびっしりとならんでいる。やがて砂塵が晴れたとき、それは大きく開かれた砂蟲の口であるとわかった。（中略）各々の砂蟲の背にはおおぜいのフレメンがのっていた。強風にローブをはためかせるフレメンを乗せて、砂蟲の群れはクサビ隊形をなし、砂盆で斬り結ぶ兵たちに向かって怒涛のごとく突き進んでくる。

▼**ポールがハルコンネンの甥と戦う**

ポールは、ハルコンネン男爵の甥に公式決戦を挑まれ、戦うことになる。

●

ポールはネコのように音もなく進み出た。目は待ち構える短剣から離さない。腰を低く落とし、乳白色のクリスナイフを腕の延長のように突き出している。ふたりは素足で床を摺りつつ、じりじりと円を描いて、横に移動しだした。一瞬の隙をも見逃すまいと、たがいの動きに目を光らせる。「なかなか華麗なダンスを見せてくれるじゃないか」フェイド＝ラウサが言った。（よく口のまわるやつだな）とポールは思った。（これもまた弱みのひとつだ。沈黙のもとでは不安になるタイプか）

▼**ポールの結婚の宣言**

ポールは権力の均衡のため、皇帝の娘との結婚を決めるが、愛するチェニーにはこう宣言する。

●

「おれの妃はあそこにいる女となり、きみは愛妾となる。これは政治的なことがらであって、いまは平和を第一に考え、領主会議に属する各大領家の支持を得なくてはならないからだ。（中略）ただあのプリンセスがおれから得られるのは、おれの名前以外にはない。おれの子供を産むこともないし、おれの手で触れられることも、おれに優しい眼差しを向けられることもなく、欲望を抱かれることもない。一瞬たりともだ」

「デューン 砂の惑星」原作キーワード集

文＝平沢 薫

原作小説に登場するキーワードは、きっと新作映画の中にも登場するはず。映画本編中では詳細は説明されないかもしれないが、原作小説での設定はこのようになっている。

〈集団、組織関連〉

皇帝

この宇宙は「皇帝」「領主会議」「ギルド」の3者が締結した宇宙平和協定〝大協約〟により保たれている。歴代皇帝は歴史の黎明期まで遡る古い家系の当主が務めており、現皇帝はコリノ家の第81代当主。

サーダカー

皇帝直属の狂信的な親衛軍。幼少時から過酷な軍事的訓練により戦闘能力と皇帝への忠誠心を育成され、その戦闘能力は通常の兵士の10人分に相当すると言われている。この兵士たちは、皇帝直轄の収容所惑星で訓練されているとの噂がある。

領家

惑星または恒星系を統治する一族のことで、商業に従事する実業家階級。一惑星内のみで活動する小領家と、惑星間で活動する大領家がある。アトレイデス家、ハルコンネン家は大領家の1つ。

領主会議（ラーンスロード）

領家たちが組織する機関。領家の間で問題が起きた際は、この領主会議の中枢メンバーによって〝領主会議高等審問会〟が組織され、最高裁判所の役目を果たす。

演算能力者（メンタート）

帝国の市民階級の1つ。極めて高度な論理演算ができるように訓練された者たちである。それぞれ特定の任務のために訓練され、特定の条件づけをされており、雇い主に助言する。それぞれの家に仕え、アトレイデス家には三代の当主に仕えてきたスフィル・ハワトがおり、ハルコンネン家にはパイター・ド・ヴリースがいる。

ベネ・ゲセリット

女性のみが所属し、独自の方法で人間の精神と肉体を鍛錬する機関。人間の営みには継続性のある糸が必要であり、そのためには〝動物の次元から昇華された人間〟を生み出さなくてはならないという理念を持つ。

ギルド

航宙ギルドとも呼ばれる。「ベネ・ゲセリット」と同時期に、人間の精神と肉体を訓練するため設立された機関だったが、その後、宇宙航行の能力の開発に特化し、宇宙の航行及び運輸を独占するようになった。そのため「皇帝」「領主会議」と同等の権力を持つ。

ギルドマン

ギルドの宇宙航行士のこと。宇宙船を超高速かつ安全に航行させるため、香料（メランジ）を使い、精神を駆使して、ありうべき無数の未来を手探りして宇宙航行の水先案内人を務める。ギルドマンがプライバシーを尊重し、ギルドの代理人たちにも姿を見せないことから、彼らは姿が著しく変形して人間のようには見えないとも言われているが、真偽のほどは不明。

星間財団CHOAM（チョーム）

「公正なる高度貿易振興財団」の略称。皇帝と各大領家が共同で経営する巨大惑星間企業。香料（メランジ）貿易もチョームが取り仕切っている。表面には登場しないが、事業にはベネ・ゲセリットとギルドも関わっている。

密輸業者

帝国の統治権の管轄外の存在で、どの集団にも属さず、独自に高速の宇宙船を駆使して貿易する。領家も裏では彼らに仕事を依頼する。アトレイデス家は惑星アラキスに赴任した際のパーティに、将来の協力を見据えて、密輸業者の大物も招く。

フレメン

惑星アラキスの先住民の呼称。その正確な人数は把握されていない。砂漠で生きるための知恵と技術を発達させ、独自の文化と価値観を持つ。香料（メランジ）を大気や食物から摂取し続けているため、その副作用として目が青い。

〈概念、伝説関連〉

クウィサッツ・ハデラック

ベネ・ゲセリットが、何世紀にも及ぶ、選択的な婚姻による人類血統改良計画によって誕生させようとしている〝未知なる存在〟の呼称。〝同時に多数の場所に存在できる者〟という意味。ベネ・ゲセリットの計画では、ジェシカに娘を産ませ、その娘とハルコンネン男爵の甥との間にこの存在を誕生させる予定だったが、ジェシカは娘ではなく息子ポールを産む。

マフディー

フレメンの言葉で「救世主」「我らを楽園に導く者」のこと。地元民はポールのことをこう呼ぶ。フレメンの間には「ベネ・ゲセリットの息子が預言者として降臨し、真の自由をもたらす」という伝説がある。

リサーン・アル＝ガイブ

フレメンの言葉で「救世主」「外世界からの声」のこと。フレメンたちの伝説では「惑星外から預言者がやって来て楽園に導く」「リサーン・アル＝ガイブに仕えて死んだ者には楽園が約束されている」と言われている。

ムアッディブ

惑星アラキスの環境に適応した小

型ネズミの呼称。フレメンの一員として認められたポールは、真の名前である隠し名ウスールを与えられ、その名とは別の「仲間が呼ぶときの名前」を何にするかと問われ、砂漠を放浪中に見かけた小型ネズミの現地名である〝ムアッディブ〟を選ぶ。

ウスール

フレメンの言葉で〝柱の基部〟のこと。ポールはフレメンとして認められた際に、仲間の中でだけ使われる隠し名として、この名前を与えられる。仲間以外にはこの名前で呼ばれることはない。

水の責務

フレメンの言葉で「命をかけて行うべき責務」のこと。ポールがフレメンの侍女の命を救った時、彼女は命を救われたことで課せられた「水の責務」を果たすため、ポールに身内に裏切り者がいることを伝える。

恐怖を避ける連禱

ベネ・ゲセリットの連禱の1つ。ポールはベネ・ゲセリットの教母からゴム・ジャッバールの試練を受ける時も、砂嵐の中を飛行する時も、これを唱える。「われ恐れず。恐怖は心を殺すもの。（中略）我は恐怖が身内を通りぬけ、通過するを許す。（中略）恐怖の通過せし後には何ものもなかるべし。そこに残るはただ自分のみ」

〈アイテム関連〉

香料／メランジ

宇宙の中で惑星アラキスでしか産出されず、化学合成することもできないため、ひと掴みあれば家が一軒買えるほど高価で取引される。意識を覚醒させて、多様な未来を予知させる力を持ち、宇宙航行するギルドマンには不可欠な物質。習慣性があり、常習しても死ぬことはないが、服用をやめると死に至る。常用すると、眼球が深青に染まる。

砂虫（サンドワーム）

アラキスの砂漠に棲息する巨大な虫。全長400メートル以上の個体もいる。爆発物で麻痺させたり、負傷させることはできるが、体節がそれぞれ独自の生命を持っており、大型の個体全体を破壊できるほどの爆発物は核兵器のみ。寿命は長く、死ぬのは同種に殺されるか、彼らにとって毒である水に溺れたときのみ。実は香料（メランジ）と密接な関係を持っていることが判明する。

シャイー＝フルード

フレメンの砂虫（サンドワーム）の呼び方。「砂漠の主」「永遠の老父」「砂漠の祖父」の意味。また、フレメンはアラキスにある砂の大部分は砂虫の活動によって生じたと考えており、砂虫を「産砂（うぶすな）」とも呼ぶ。

クリスナイフ

フレメンが持つナイフの名で、フレメンであることの象徴。これを見た者は、浄化するか、殺すしかない。これを持っていれば、フレメンのどの群居洞にも入ることができる。砂虫の歯を削り出して作るもので、〝定着済〟と〝未定着〟があり、未定着のナイフは1週間以上の間、人肌から離していると、分解し始める。

起振杭（ザンバー）

フレメンが砂虫を呼ぶ時に使う道具。短いクイで、上端にバネ仕掛けの鳴子がついていて、砂の中に打ち込んで鳴子の振動を砂に伝達させ、砂虫を呼ぶ。

奇態（ウィアーディング）な力

フレメンのベネ・ゲセリットの戦闘技術の呼び方。ジェシカはフレメンとの交渉で、彼らにこの技術を教えることと引き換えに、彼らと暮らすことになる。

命の水

砂虫が溺死する瞬間に体外に放出する液体。香料（メランジ）の強力な成分を持ち、そこに含まれる毒は教母にしか変質させることが出来ない。教母いわく「水よりも偉大にして魂を解放する水」「もし汝が教母ならば、汝に対し、この水は宇宙を開く」と言う。ジェシカとポールはこれを飲む。

ゴム・ジャッバール

ベネ・ゲセリットが使う、先端に毒を塗った特殊な毒針の名称。意味は〝横暴な敵〟。ベネ・ゲセリットの教母が、ポールの資質を試すため、箱の中の痛みを体験させる儀式をする際、ポールの首筋にこれを当て、動けば毒で死ぬと告げる。

繰り声（からくりごえ）

ベネ・ゲセリットの特殊技術のひとつ。この技を極めると、命令を発するときの発声の仕方で、どんな人間でも自分の思うようにコントロールすることができる。

保水スーツ（スティルスーツ）

フレメンたちが砂漠で行動する時に着用する、全身を覆う特殊なスーツ。着用者の体から出た汗や排泄物などの水分を、濾過し蒸留して再利用するための仕組みを持つ。回収された水分は、貯水ポケットに蓄えられ、チューブで飲むことができる。

九弦楽器（バリセット）

帝国の吟遊詩人たちが使う弦楽器。弦が9本ある。アトレイデス家のガーニイ・ハレックは、この楽器の名手である。

羽ばたき飛行機（オーニソプター）

アラキスで砂漠の上を移動する際に使われる航空機。鳥が羽ばたくように翼を動かして飛ぶ。

小説「デューン 砂の惑星」シリーズの基礎知識

文＝平沢 薫

Photofest/Zetaimages

『デューン/砂の惑星』の撮影現場を訪れたフランク・ハーバートと談笑する主演のカイル・マクラクラン

SF小説界での位置づけ

シリーズ第1作「デューン 砂の惑星」は1963年、1965年の2回に分けて雑誌に掲載され、SF小説の3大賞のうち2つ、ヒューゴ賞、ネビュラ賞を受賞したSF小説の名作。SF3大賞の残り1つ、ローカス賞はSF雑誌「ローカス」の読者投票で決める賞だが、その「ローカス」誌の読者が選ぶ「オールタイム・ベスト」でこれまで何度もベスト1になり、2021年の現在もベスト1に輝いている。

シリーズの全体像

原作小説はフランク・ハーバートによる6つの作品からなるシリーズ。全作とも舞台は同じ砂の惑星デューンだが、時代背景や主要人物は異なり、数千年に及ぶ壮大な物語が描かれていく。

1「デューン 砂の惑星」(65)
アトレイデス公爵家の後継者ポールが、惑星デューンの実態を知る。

2「デューン 砂漠の救世主」(69)
第1作の12年後。惑星を統治するポールは、暗い未来を予見する。

3「デューン 砂丘の子供たち」(76)
ポールの双生児の子供たち、息子のレト二世と娘ガニマに、元皇帝の一族の陰謀が迫る。

4「デューン 砂漠の神皇帝」(81)
レト二世の即位から3500年後。レト二世の長期的構想と、惑星イックスの陰謀が錯綜する。

5「デューン 砂漠の異端者」(84)
レト二世の死の1500年後。デューンは大飢餓を経て再び砂の惑星に。砂虫と心を通わせる少女が出現する。

6「デューン 砂丘の大聖堂」(85)
砂の惑星は壊滅。ベネ・ゲセリットは大聖堂惑星に砂虫を一匹運び、第2のデューン化することを計画する。

作者フランク・ハーバートは第7作の構想を練っていたと言われるが、1986年に膵臓癌で没したため、執筆されなかった。

また、彼の死後に息子ブライアン・ハーバートとSF作家ケヴィン・J・アンダーソンが、著者の残したメモに基づく続編や、第1作のレト公爵の若き日を描く前日譚となどの小説を書いている。

原作ブームの背景

原作小説が刊行当時に世界的なブームとなった背景には1960年代から1970年代のヒッピー・ムーブメント、サイケデリック・カルチャーもある。小説に登場する香料(メランジ)の描写が、これらの文化の中で流行したLSDなどの感覚を拡張する薬物の作用を連想させることからも、原作小説が当時の若者たちの中で「指輪物語」「異星の客」と並ぶ愛読書となった。

また、この文化運動の自然回帰志向、レイチェル・カーソンの「沈黙の春」などからエコロジーという考え方に注目が集まり、本作の〝惑星全体の生態系〟を意識した描写も高く評価された。原作はこうしてSFファンの枠を超える世界的なベストセラーになったと言われている。

SF映画20選

**映画が誕生してして以来、観客を想像の世界へと誘い込んだSF映画。
本書で巻頭特集した『DUNE/デューン 砂の惑星』も
フランク・ハーバートによる原作を基に映画化された。
数ある宇宙SF小説の傑作の中で、映画化されたオススメ作品をご紹介します。**

文＝神武団四郎

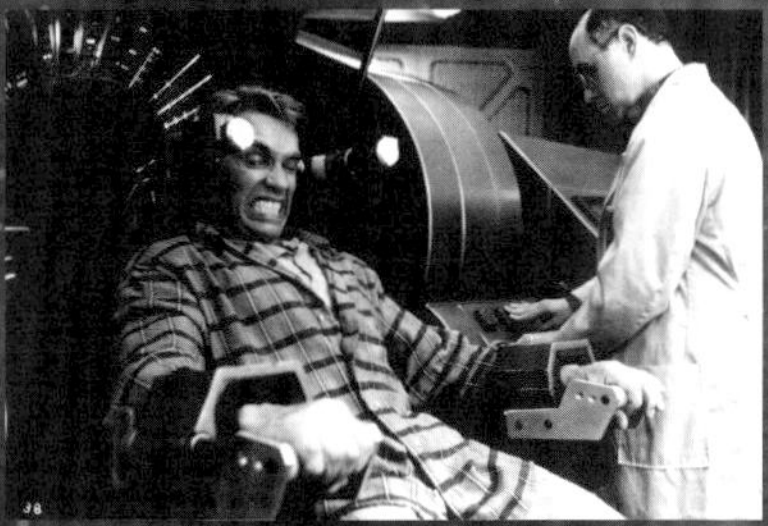

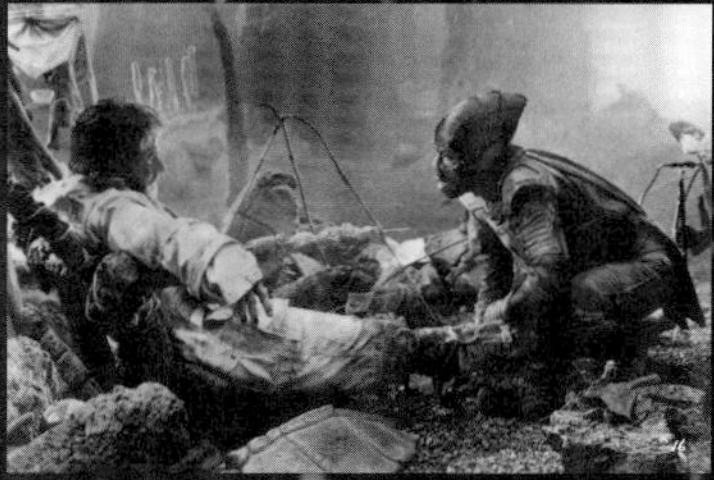

アエリータ
AELITA

火星旅行を描いたロシア映画初の宇宙SF映画。仕事の傍ら憧れの火星に行くためロケット研究に打ち込む無線技師者ローシは、遊び人の隣人との仲を疑い妻ナターシャを射殺してしまう。警察から逃げ火星に飛び立ったローシは、この星の女王アエリータと恋に落ちる。原作はアレクセイ・ニコラエヴィッチ・トルストイによる「火星にいった地球人」(23)。王女とのロマンス、労働者と一緒に革命を成し遂げる火星の大冒険は映画に受け継がれている。ただし映画版は反資本主義、反帝国主義を前面に出し、ブルジョワ層や独裁者を糾弾、ラストも「夢など見ずに地道に労働に勤しむべし」と結ばれる。映画が製作されたのはロシア革命の8年後で、負傷兵の救護所を舞台にするなど当時の世相が伺える。そんな本作の見どころが、革命の中で成熟した芸術運動ロシア・アバンギャルドを反映した火星のデザインだ。空にそびえる王宮や労働者が集う薄暗い下層空間など、直線と曲線を組み合わせたセットは、独特の遠近法で配置。奇抜なアクセサリーで飾った衣裳を含め、質素な地球との対比が面白い。火星ロケットは噴射口のすぼまった風船状のデザイン。全景はほとんど映らないが、工場の屋根を破って火を吹き空に舞い上がるなどミニチュアSFXが楽しい。火星の景観は、白く輝くビルが建ち並び小型機が飛ぶ未来的な味わい。ロケットが街はずれにミサイルのように落下する、『月世界旅行』(02)風の荒っぽい軟着陸も微笑ましい。

1924年ソ連映画／監督＝ヤーコフ・プロタザーノフ／出演＝ユーリア・ソーンツェワ、ニコライ・ツェレテリ、V・クインジ／原作＝アレクセイ・トルストイ

1950年アメリカ映画／監督＝アーヴィング・ピシェル／出演＝ジョン・アーチャー、ワーナー・アンダーソン、トム・パワーズ／原作＝ロバート・A・ハインライン

月世界征服
DESTINATION MOON

SF・ファンタジーのプロデューサー・監督ジョージ・パル製作の初の本格宇宙映画。航空工学のカーグレイヴス博士とセイヤー将軍は、原子力エンジン搭載のロケットで人類初の宇宙飛行に挑戦する。原作は少年たちが物理学者の叔父と作ったロケットで月に行く、ロバート・A・ハインラインの長編「宇宙船ガリレオ号」(47)。映画では少年を民間企業に、計画を妨害するナチ残党は共産勢力らしき〝何者か〟に変更。当時の宇宙開発事情を下敷きに、フィクションの要素を抑えたドキュメンタリータッチで映画化した。ハインラインが共同脚本、監修で参加したほか、『月世界の女』(29)で監修を務めたロケット工学博士ヘルマン・オーベルトの協力を仰ぎ、月のマット画やロケット・ルナ号のデザインに天体アートの第一人者チェスリー・ボネステルが起用された。月の地面のひび割れは、遠近法で奥行き感を出すための苦肉の策。後にパルはボネステルがイラストを担当した宇宙旅行の解説書「宇宙の征服」をモチーフに『宇宙征服』(55)も製作した。立体アニメ〝パペトゥーン〟で知られるパルは、SFXに立体、描画アニメを取り入れ宇宙映像を緻密に表現。ロケットの原理をアニメの人気キャラ、ウッディー・ウッドペッカーが紹介する映像は、ウッドペッカーの生みの親でパルの親友でもあるウォルター・ランツが担当した。1969年に初の月面着陸を成功させたNASAは、もっとも刺激を受けた映画として本作をあげた。

遊星よりの物体X

THE THING FROM ANOTHER WORLD

宇宙から飛来した吸血エイリアンとの攻防戦を描くハワード・ホークス製作のスリラー。北極に墜落した物体の調査に向かった米軍兵と科学者たちは、氷に埋もれた円盤状の機体と異星人を発見。極地研究所に持ち込まれた異星人は、氷から抜け出し人々を襲いはじめる。原作はジョン・W・キャンベルの短編「影が行く」(38)。南極で発見された2000万年前の宇宙船のエイリアンが、地球の生き物に同化していく物語。脚本はホークスとのコンビ作も多いチャールズ・レデラーで、原作のプロットを簡素化しエイリアンは動物の血液を摂取する植物に似た構造のヒューマノイドに設定された。エイリアンを拒絶する軍人は正しく、受け入れようとする科学者は悪とする展開や、現場ですべてを目撃していた記者がラストで世界に訴えかける「空から目を離すな、空を見張れ」というセリフが当時の世相を表している。監督はホークス組の編集技師クリスチャン・ネイビーだが、シャープで力強いドラマ運びや勝ち気なヒロインの設定などホークス色の強い作品になった。ホークスに心酔し、『ザ・フォッグ』で主人公に「闇から目を離すな、霧を探せ」と言わせたジョン・カーペンターは、82年にSFXを駆使したリメイク『遊星からの物体X』を発表。51年版を意識しつつ同化するモンスターなど、原作に寄せた作品になった。2010年にはカーペンター版の前日談的オリジナル作品『遊星からの物体X ファーストコンタクト』も製作された。

写真協力=公益財団法人川喜多記念映画文化財団

1951年アメリカ映画/監督=クリスチャン・ネイビー/出演=ケネス・トビー、マーガレット・シェリダン、ロバート・コーンスウェイト/原作=ジョン・W・キャンベル

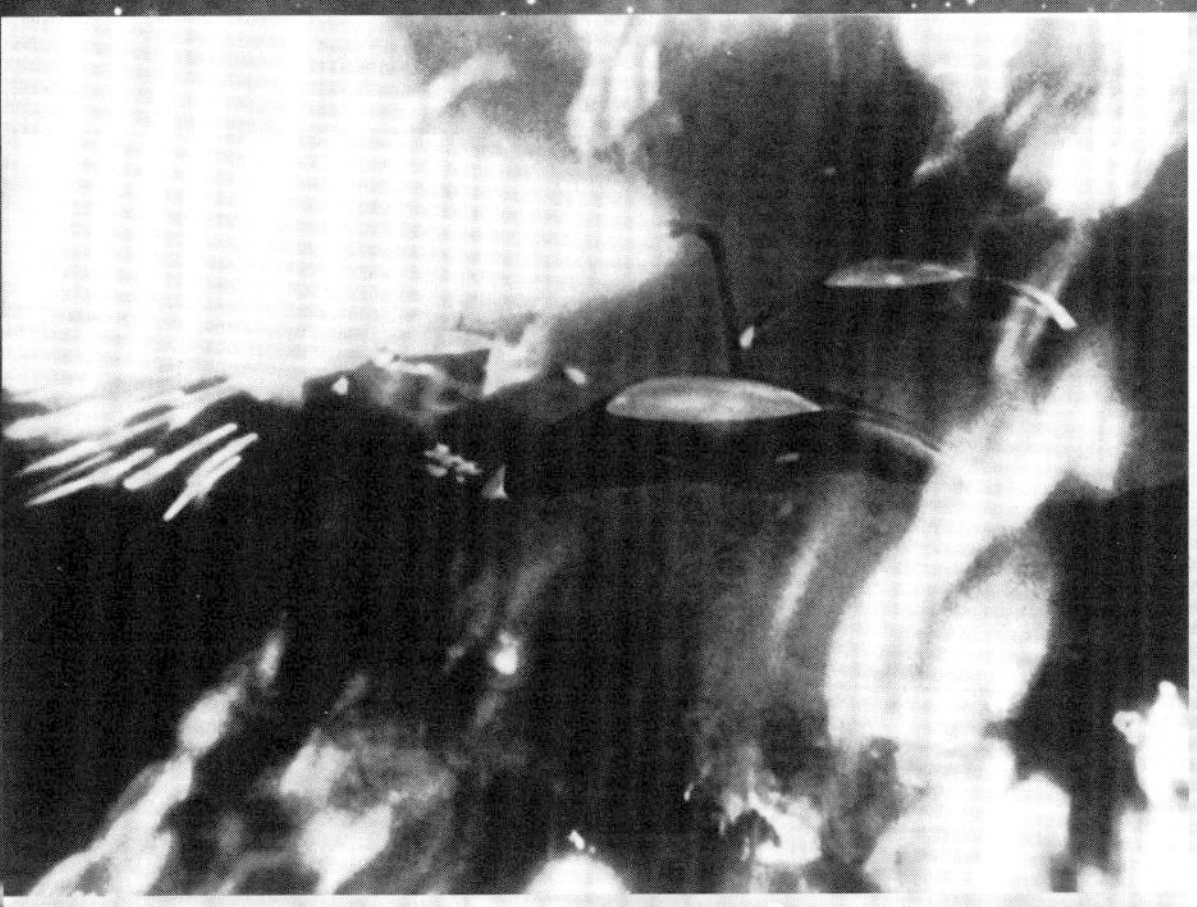

写真協力=公益財団法人川喜多記念映画文化財団

1953年アメリカ映画/監督=バイロン・ハスキン/出演=ジーン・バリー、アン・ロビンソン、レス・トレメイン/原作=H・G・ウェルズ

宇宙戦争

THE WAR OF THE WORLDS

火星の侵略者との宇宙戦争を描いた、ジョージ・パル製作のスペクタクル。地球と火星の距離がもっとも接近したある夏の晩、ロサンゼルス郊外に隕石が落下。中から火星人の戦闘兵器ウォーマシンが出現し街を破壊しはじめた。原作は1898年にH・G・ウェルズが発表した同名長編で、攻撃を逃れ転々とする主人公の視点で火星人の恐怖が描かれた。映画版では隕石の調査にあたった物理学者ウォレスター博士を主人公に、軍や科学者たちの対応を軸に展開。ヒロインも登場するがロマンスを含めドラマチックなエピソードはほとんどなく、原作と同じく戦争の恐怖を前面に出している。圧巻はウォーマシンによる破壊スペクタクル。原作の3本足の歩行マシンを、映画では技術的な理由などから飛行タイプに変更。そのデザインはパラマウントの美術監督アルバート・ノグチが担当した。金属音を鳴り響かせ、威嚇するようにアームをゆっくり左右に振りながら容赦なく街を破壊していく様は、今日の目で見ても迫力満点。ノグチは複眼の目を持つ不気味な火星人のデザインも担当した。SFXはパルの『地球最後の日』(51)も手がけたゴードン・ジェニングスで、本作の特殊効果でオスカーを受賞。火星や太陽系の星々の宇宙画はチェスリー・ボネステルが手がけている。05年にはスティーヴン・スピルバーグも映画化。一市民の視点で宇宙戦争を体感させる構成や、3本足で歩行するウォーマシンなど原作に近づけた内容になっている。

宇宙水爆戦
THIS ISLAND EARTH

高度な文明を誇る異星人が密かに地球にやってくる50年代を代表するSF映画の1つ。電子工学のカル博士は、世界各地から科学者を呼び集めているエクセターの研究施設に招かれた。彼らの正体は、ゼーゴン星と惑星間戦争中のメタルーナ星の科学者。敵の攻撃で破壊しかけた母星のため、核エネルギーの開発者を求め地球を訪れたという。原作は宇宙戦争中の異星の科学者が来訪するレイモンド・F・ジョーンズの「This Island Earth」(52)で、前半の描写はほぼ映画で踏襲。ジョセフ・ニューマン監督が小説の権利を買い、ユニバーサル映画で多くのSF、ファンタジー映画を製作したウィリアム・アランドにより実現した。超高速航行が可能なメタルーナの円盤型宇宙船やニュートリノ光線を放射するビデオ通信機、物質をコントロールする怪光線、脳組織を変えて奴隷化するサンランプ、隕石を操り攻撃する隕石爆弾、気圧に応じた肉体に作りかえる組織変換チューブなどなど、楽しいメカが盛りだくさん。そんな本作を代表する存在が、原作には登場しないメタルーナの奴隷ミュータントだ。肥大化した脳や巨大な目を持つ怪物は、『大アマゾンの半魚人』(54)のミリセント・パトリックがデザイン、多くの映画でモンスターを手がけたジャック・ケヴィンが造型した。映画終盤のメタルーナのシーンの演出には、『それは外宇宙からやって来た』(53)『縮みゆく人間』(57)などを監督したジャック・アーノルドも参加した。

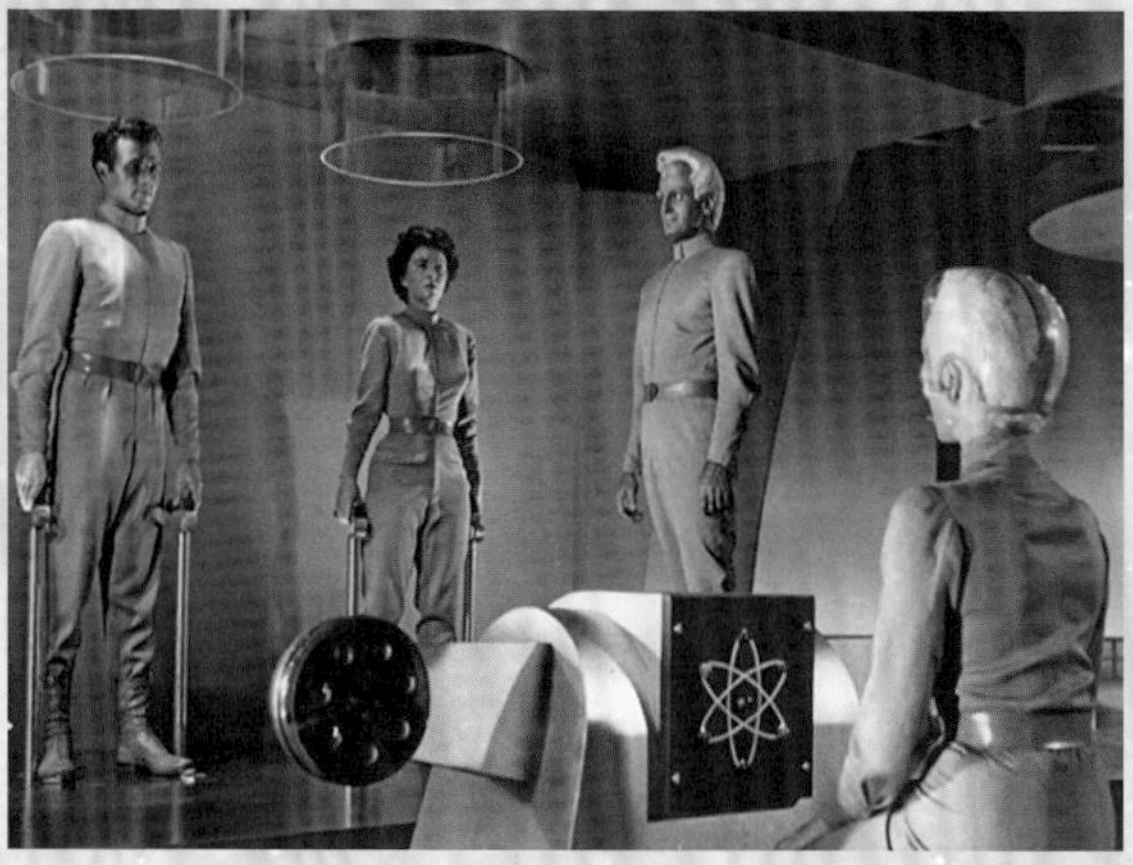

1955年アメリカ映画/監督=ジョセフ・M・ニューマン/出演=フェイス・ドマーグ、レックス・リーズン、ジェフ・モロー/原作=レイモンド・F・ジョーンズ

金星ロケット発進す
FIRST SPACESHIP ON VENUS

金星旅行を描いた東ドイツ・ポーランド合作映画。1970年、金星人の根拠を発見した国際惑星調査連盟はソ連、ポーランド、アメリカ、ドイツ、インド、中国、ケニア、日本のクルーで調査隊を結成。宇宙船コスモクラトール号で金星に向かった。原作はスタニスワフ・レムの初長編「金星応答なし」(51)。アメリカでは時代設定やクルーの国籍など一部設定を変えた短縮版『First Spaceship on Venus』がポピュラーで、このバージョンでの宇宙船の名称コスモストレーターは日本でもなじみが深い。クルーが金星に到着すると、すでに金星人は原子力事故で死に絶えていたという展開。床に人の影が焼きついた描写は広島の原爆を参考にしたのだろう。医療担当でスミコという日本人クルーが登場するが、彼女も広島出身と設定された。無人の金星でコールタールのような液体が生命を持つようにクルーを襲うくだりは「ソラリスの陽のもとに」を思わせる。SFXは西独のエルンスト・クンストマンで、凝った撮影や視覚効果はないが、コスモクラトール号や月面基地ルナ3、探査用の惑星タンクなどがミニチュアで撮影された。中でも飛行場にオープンセットを組んで撮影されたコスモクラトール打ち上げシーンは大迫力で、シネスコサイズの画角も手伝いスケール感あるSFX映像が味わえる。調査隊をサポートするキャタピラ走行のロボット・オズマは愛嬌あるデザインで、チェスがやたらに強いなどR2-D2を思わせる名キャラだ。

写真協力=公益財団法人川喜多記念映画文化財団

1960年東ドイツ・ポーランド合作映画/監督=クルト・メーツィヒ/出演=谷 洋子、オルドリッチ・ルークス、イグナーチ・マホフスキ/原作=スタニスワフ・レム

火を噴く惑星

PLANETA BUR

ロシア製のアドベンチャー映画。国際協力で飛び立ったソ連の宇宙船シリウスとヴェガは、事故で仲間を失いながらも金星に降り立った。そこでクルーを待っていたのは、地球の先史時代さながらの荒々しい世界だった。映画は巨大な食虫植物、恐竜たちとの戦い、水中探検、火山の噴火、大雨で湖がはん濫したり、知的生命体の痕跡を発見したりと盛りだくさん。90分弱すべてが見せ場になっている。技術的には同時期のアメリカ映画と比べ拙いが、これだけの規模のミニチュアSFXが楽しめるのは国営映画ならではだろう。原作はロシアのSF作家アレクサンドル・カザンツェフの「Grandchildren of Mars」(59)。金星に向かったクルーの冒険談で、かつてこの星には火星人の末裔も住んでいたというお話。カザンツェフは共同で映画の脚本も書いている。ユニークなのは同行するアメリカ製のロボット、アイアン・ジョンだ。作業マシン風の無骨なデザインだが、高性能のAIを搭載した二足歩行のマシン(原作では米クルーも同行)。敬語を使った呼びかけにのみ反応し、ジャズ好きでやたらに権利を主張したり、人命より自身の安全を優先する困ったマシンで、HAL9000のご先祖様といえるかも。名前の由来は当時の米大統領JFKだろうか。本作はロジャー・コーマンが購入し、再編集・追加シーンを挿入して2本の別の映画『原始惑星への旅』、『金星怪獣の襲撃／新・原始惑星への旅』としてアメリカ公開された。

写真協力＝公益財団法人川喜多記念映画文化財団

1962年ソ連映画／監督＝パーヴェル・クルシャンツェフ／出演＝キュナ・イグナトーヴァ、ゲンナディ・ウェルノフ、ウラジーミル・エメリヤノフ／原作＝アレクサンドル・カザンツェフ

イカリエ-XB1

IKARIE XB 1

宇宙探査の長期飛行に出たクルーを描くチェコスロヴァキア映画。未知の生命を求め、宇宙船イカリエはアルファケンタウリ星系へ地球時間で往復15年の旅に出た。ところが目的地を目前に謎のダーク・スターが出現。それを機に船内ではクルーが次々に倒れていく。原作はスタニスワフ・レムの「Magellanic Cloud」(55)。原作では200人を超える大所帯の宇宙旅行だが、映画では各分野の専門家40人の日常が描かれる。宇宙旅行といえば軍や政府主導の映画が多い中、本作に流れる空気は独特。誰かが誕生日を迎えればパーティが開催され、若い男女は恋に落ち、密かに妊娠したまま乗り込んだ夫婦は人類初の宇宙ベイビーの誕生を心待つ。私物の持ち込みは自由で、奉仕ロボットやペットを持ち込むクルーがいたりと、住人ごと町が宇宙を飛んでいるようだ(原作の宇宙船名は地球号)。食堂でたわいのない会話を交わしたり、ジムで汗を流すクルーの姿は『2001年宇宙の旅』の先駆けともいえる。彼らの日々を通し映画は〝人間力〟や社会の大切さを説いている。SFXは『悪魔の発明』(58)など同時期のチェコスロヴァキア映画と比べても質素だが、難破宇宙船上陸シーンのミニチュアや輪郭がにじんだ惑星の処理など、独創的な映像が楽しい。ロジャー・コーマンは例によって本作を改変し、宇宙船クルーは実は異星人だったという驚愕のオチを迎える『Voyage To The End Of The Universe』として米国で公開した。

1963年チェコスロヴァキア映画／監督＝インドゥジヒ・ポラーク／出演＝ズデニェク・シュチェパーネク、フランチシェク・スモリーク、ダナ・メドジツカー／原案＝スタニスワフ・レム

H.G.ウェルズのSF月世界探険

FIRST MEN IN THE MOON

モンスターSFXの第一人者レイ・ハリーハウゼンによる冒険映画。人類初の月面着陸に成功した宇宙飛行士たちは、そこでユニオンジャックと1899年の日付が記された手紙を発見。手紙の主を探した結果、19世紀末に3人の英国人が月に第一歩を記していたことが判明する。原作はH.G.ウェルズが1901年に発表した「月世界最初の人間」。脚本は英国のSFドラマ「クォーターマス」シリーズのナイジェル・ニールが手がけ、重力を遮断する化合物カボライトを使った宇宙船で3人の男女が月に行く。重力から逃れた宇宙船が屋敷の屋根を突き破り、一直線に夜空に舞い上がるビジュアルが楽しい。宇宙船は球体でゴロゴロ転がりながら月面に着地。宇宙服は潜水服で一部肌が露出しているなどファンタジーに寄せた設定だ。ただし冒頭の月着陸シーンにはNASAが監修として参加した。月の地底都市ルナ・シティーには、グランド・ルナーを頂点にアリのような階層社会を形成する月人セレナイトが棲息。月人や家畜の巨大生物ムーンカーフは、ストップモーション・アニメで描かれた。宇宙時代まっただ中の当時、昆虫型のセレナイトや幻想的なルナ・シティーの景観などパルプマガジンの表紙から抜け出たようなデザインにハリーハウゼンのこだわりが感じられる。主人公が持ち込んだ風邪でセレナイトが絶滅する展開は、かつてハリーハウゼンが映画化を模索したウェルズの「宇宙戦争」をヒントにニールが考案したもの。

1964年イギリス映画／監督＝ネイザン・ジュラン／出演＝エドワード・ジャッド、マーサ・ハイヤー、ライオネル・ジェフリーズ／原作＝H.G.ウェルズ

デジタル配信中／Blu-rayレンタル中
発売・販売元＝ソニー・ピクチャーズ エンタテインメント

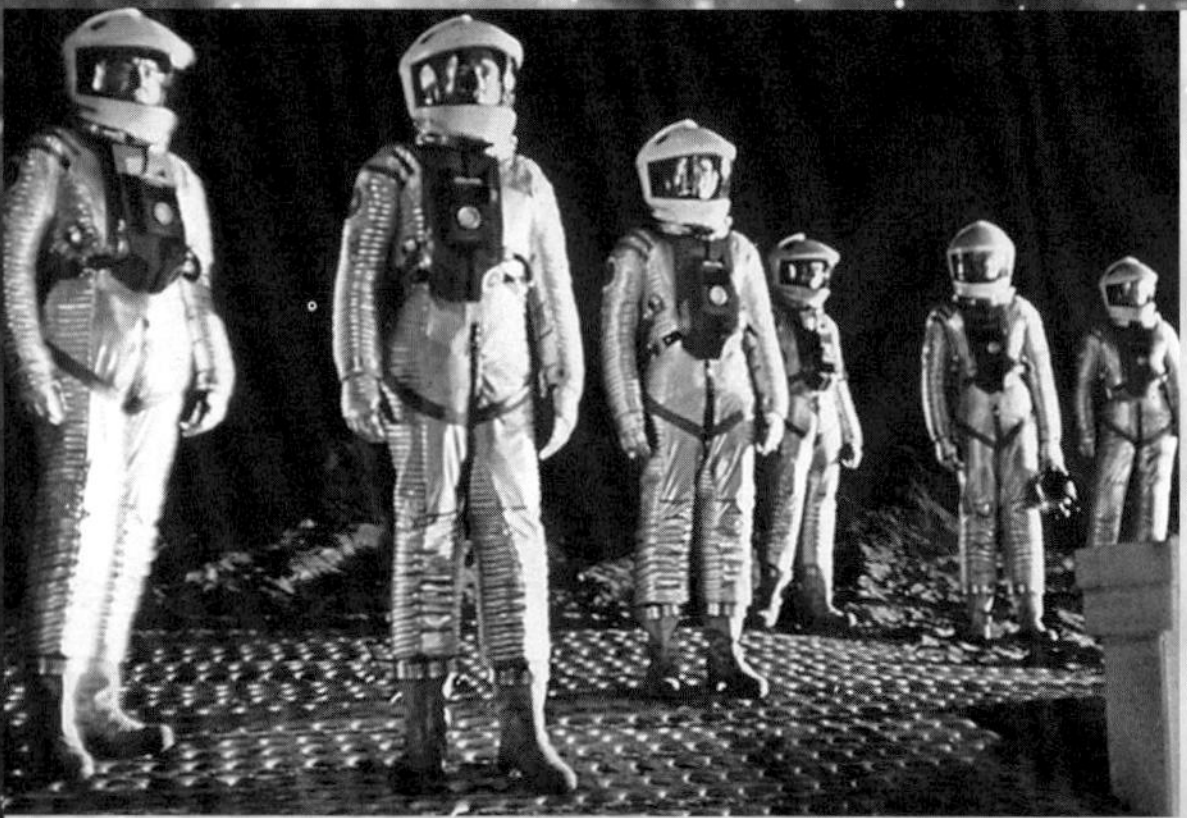

2001年宇宙の旅

2001:A SPACE ODYSSEY

未知の生命体を求め木星に向かった宇宙飛行士たちをドキュメンタリータッチで描いたスタンリー・キューブリックの超大作。数百万年前、ヒトザルたちはとつぜん現れた巨大な黒い板に触れたのを機に道具を使いはじめた。やがて月に進出した人類は、そこでも黒い板を発見。モノリス（石板）と名付けられたその物体は木星に向けて電波を発信した。その謎を解き明かすため、人類は人工知能HAL9000が管理する宇宙船ディスカバリー号で木星に旅立った。知的生命体との接触で進化する人類を描いた本作は、それまでの作品群とは一線を画した本格SF映画。ワームホールを抜け人類が次の段階へと進んでいくクライマックスは説明を最小限に抑えたため公開時に議論を呼んだ。映画評論家・森 卓也氏によると、白い部屋のくだりに日本語の解説ナレーションを加えたバージョンも公開されたという。原作はアーサー・C・クラークが製作にあたって執筆した同名長編。自身の短編「前哨」（53）をベースに、キューブリックとの脚本作りと並行して書き上げられた。科学的根拠に基づいた近未来のデザインや日常描写、高品質の基準として比較対象に使われるSFX映像は公開から50年を超えていまだ新鮮。SFXはウォーリー・ヴィーヴァース、ダグラス・トランブル、コン・ペダーソン、トム・ハワードほか英米のスタッフが担当。当時20代だったトランブルは本作の経験をもとに、70年代以降の視覚効果の基礎を作りあげた。

1968年アメリカ映画／監督＝スタンリー・キューブリック／出演＝ケア・デュリア、ゲイリー・ロックウッド、ウィリアム・シルヴェスター／原作＝アーサー・C・クラーク

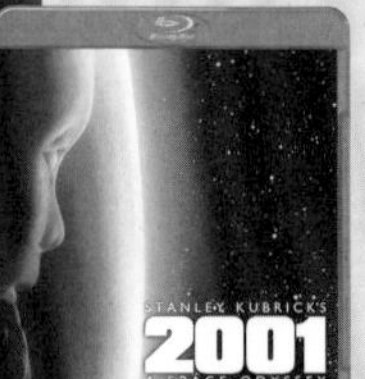

デジタル配信中
発売元＝ワーナー・ブラザース ホームエンターテイメント

猿の惑星

PLANET OF THE APES

写真協力＝公益財団法人川喜多記念映画文化財団

1968年アメリカ映画／監督＝フランクリン・J・シャフナー／出演＝チャールトン・ヘストン、キム・ハンター、ロディ・マクドウォール／原作＝ピエール・ブール

猿が支配する惑星に漂着した宇宙飛行士を描いたアドベンチャー。オリオン座にあるらしい謎の惑星に不時着したテイラーら3人の宇宙飛行士は、言葉を持たない人類に遭遇。やがてテイラーらは馬に乗ったゴリラたちに捕らえられ、そこが高い知能を持つ類人猿が支配する惑星だと知る。原作はピエール・ブールの同名小説。63年の出版と同時に映画化が動きだし、「ミステリーゾーン」（59～64）、『ザ・マン／大統領の椅子』（72）など風刺を効かせた作風で知られるロッド・サーリングが脚本にした。その後多くの脚本家が改稿を重ねたが、自由の女神が映し出されるラストシーンは残された。しゃべる猿たちは特殊メイクのジョン・チェンバースが担当。人と猿の中間的スマートなデザインで、しゃべる猿にリアリティを与えたことが評価され、アカデミー名誉賞に輝いた。逆転世界の面白さ、ロマンスを交えたスリル満点の大冒険、そして衝撃的なラストが話題となって映画は大ヒット。73年にかけてオリジナルストーリーの続編4本のほか、74年にTVシリーズ、75年にはTVアニメも製作された。2001年には原作のエッセンスを強めたティム・バートン監督作『PLANET OF THE APES 猿の惑星』が公開。リック・ベイカーによるリアルな猿人も話題を呼んだ。2011年には新薬によって知能が発達した猿たちが人類から独立するオリジナルストーリー『猿の惑星：創世記』が公開され2本の続編が製作された。

惑星ソラリス

SOLARIS

1972年ソ連映画／監督＝アンドレイ・タルコフスキー／出演＝ナターリヤ・ボンダルチュク、ドナタス・バニオニス、ユーリ・ヤルヴェット／原作＝スタニスワフ・レム

発売元＝アイ・ヴィー・シー

人間の思考を読み取る海に覆われた惑星を舞台にした、アンドレイ・タルコフスキー監督の大作。長年にわたって続けられた惑星ソラリスの調査が行き詰まる中、科学者クリスは惑星に浮かぶステーションの調査に向かった。荒れ放題のステーションに着いたクリスは、そこで10年前に自殺したはずの妻ハリーに遭遇。ソラリスの海は、人の潜在意識を読み取りそこにあるものを実体化する能力を持っていたのだ。小説はスタニスワフ・レムの代表作のひとつ「ソラリスの陽のもとに」（61）。原作では心の中を具象化する海の真意を理解できず人類はソラリスから立ち去るが、映画では主人公がソラリスの作り出した幻の世界で生きることを決意する。映画における改変をめぐりタルコフスキーと対立したレムは、完成した映画を認めなかった。宇宙船内のカメラワークなど撮影は凝っており、レトロな味わいも漂うセットや機器類は『2001年宇宙の旅』後を思わせる作り。トンネルがどこまでも続く未来のフリーウェイは、東京の首都高速でロケが行われた。撮影監督は短編時代からのタルコフスキーとのコンビで知られるワジーム・ユーソフが担当。SFXカットはわずかだが、枯れた味わいの宇宙ステーション、ゆっくりと運動を繰り返す海などミニチュア撮影は雰囲気ある仕上がりだ。2002年、ジェームズ・キャメロン製作、スティーヴン・スダーバーグ監督により、タルコフスキー版のリメイク色の強い『ソラリス』が製作された。

スペースバンパイア
LIFEFORCE

生体エネルギーを吸収するエイリアンの恐怖を描くトビー・フーパー監督のパニックホラー。宇宙船チャーチル号でハレー彗星の調査に向かった米英合同チームは、巨大な難破宇宙船を発見。人間の姿をした男女3人が入ったカプセルを回収した。ところが3人は人間の生体エネルギーを吸い取る吸精鬼だった。物語は英国特殊部隊のケインとチャールズ号唯一の生き残りカールセンが、逃走した女吸精鬼を追跡するミステリー仕立て。ただし理詰めではなく、SFXを多用した派手な仕掛けで楽しませる作品だ。原作はA・E・ヴァン・ヴォークトの中編「避難所」の影響で執筆したという、コリン・ウィルソンの「宇宙ヴァンパイアー」(76)。映画のアウトラインは小説を踏襲しているが、吸精鬼の正体に迫る終盤はパニック描写で押しまくる映画独自の展開となる。なお映画の原題は「Lifeforce」だが、小説の原題は邦題と同じ「The Space Vampires」だ。脚本はダン・オバノンが担当。彼の代表作『エイリアン』(79)のヒントになった映画の1つで、宇宙飛行士が肉体を持たない生命体に乗り移られる『バンパイアの惑星』(65)に対するもう1つのアンサーとしてみても面白い。全編を彩ったSFXは『スター・ウォーズ』(77)でオスカーを獲得したジョン・ダイクストラ率いるアポジー。ミイラ化した犠牲者やコウモリ型エイリアンなど特殊メイク&造型は『銀河伝説クルール』(83)のニック・メイリーが担当した。

写真協力=公益財団法人川喜多記念映画文化財団

1985年イギリス映画/監督=トビー・フーパー/出演=スティーヴ・レイルズバック、マチルダ・メイ、ピーター・ファース/原作=コリン・ウィルソン

第5惑星
ENEMY MINE

敵対する種族の兵士の交流を描いたアドベンチャー大作。21世紀後半、宇宙で植民地の開拓をはじめた人類はドラコ星との戦争に突入した。地球軍の戦闘機乗りダヴィッジは空中戦のさなか、ドラコ人ジェリーの戦闘機ともども無人の惑星ファイリンに墜落。憎みあっていたダヴィッジとジェリーは、飢えや寒さをしのぐなか打ち解けていく。原作はバリー・ロングイヤーの中編「わが友なる敵」(79)。映画化にあたりデヴィッド・ジェロルドと共作で長編化した「第5惑星」(85)も発表した。監督は『アウトブレイク』(95)のウォルフガング・ペーターゼン。言語や文化、生体まで異なる2人が互いに理解を深めていく様が、スペクタクルとアクションを交えて描かれる。岩場や池、獰猛な捕食生物が棲息する森などファイリンの主要シーンはスタジオにセットを建て撮影。撮影には『ネバーエンディング・ストーリー』(84)などペーターゼン作品でおなじみヨーロッパ最大規模のドイツ・バハリアスタジオが使用され、ハリウッド映画とはひと味違う重厚感ある映像が味わえる。ドラコ星人の特殊メイクは、『ザ・フライ』(86)のクリス・ウェイラスが担当。カエルに似たとされる原作をベースに、口元に空気袋を持ち豊かな感情表現が可能なエイリアンを作製した。宇宙シーンはILMが担当。『スター・ウォーズ』(77)や『宇宙空母ギャラクティカ』(78)を彷彿とさせる、独特の軌道で宇宙を飛びまわるドッグファイトも魅力だ。

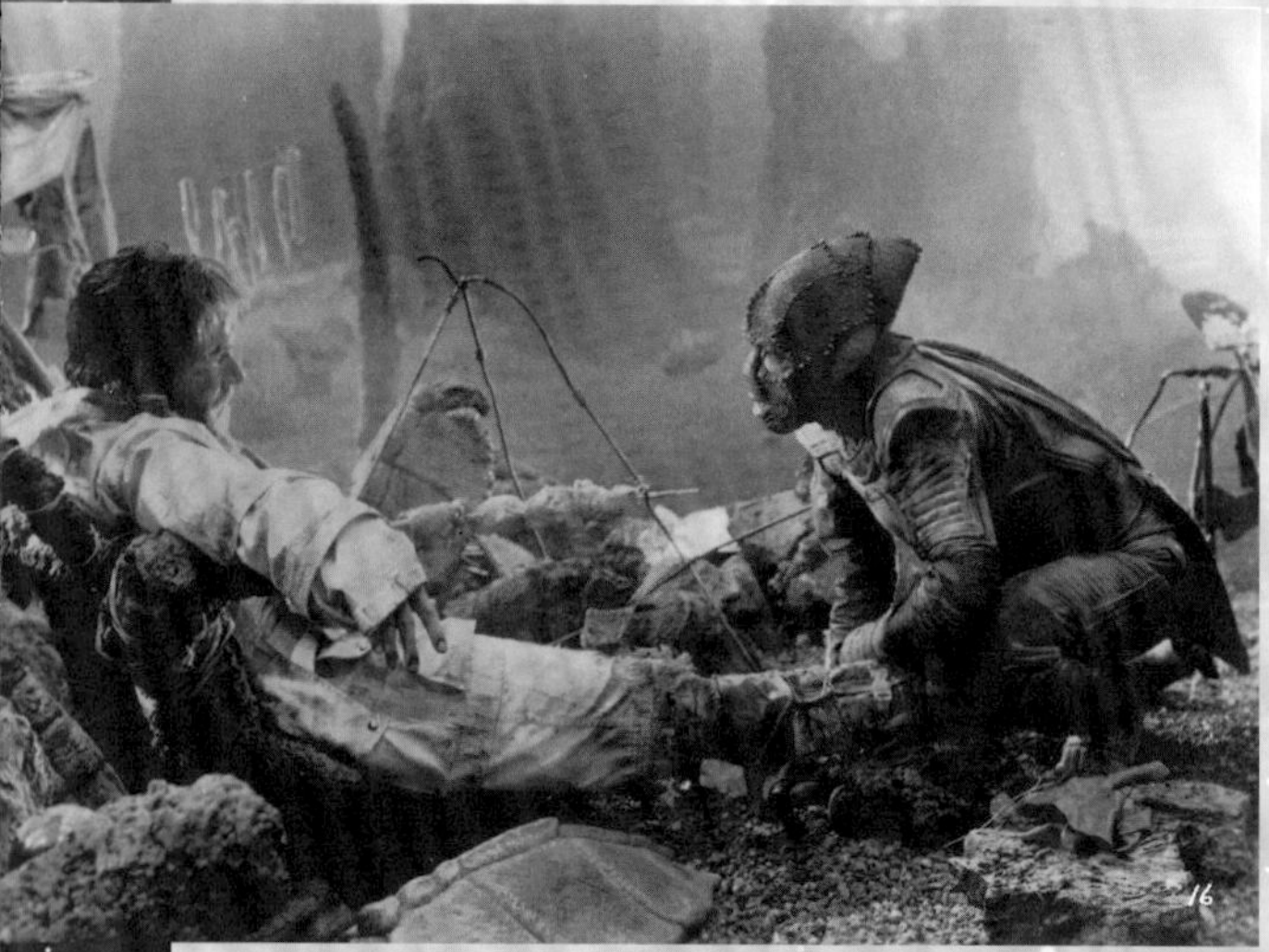

写真協力=公益財団法人川喜多記念映画文化財団

1986年アメリカ映画/監督=ウォルフガング・ペーターゼン/出演=デニス・クエイド、ルイス・ゴセット・Jr、リチャード・マーカス/原作=バリー・ロングイヤー

トータル・リコール
TOTAL RECALL

フィリップ・K・ディックの短編「追憶売ります」(66)をベースにしたアクション大作。平凡な労働者クエイドは、記憶の移植で冒険旅行を味わうためリコール社を訪れたのを機に、火星の独裁者と戦う諜報部員という本当の自分の存在を知る。原作は映画では前半にあたる地球が舞台の物語。映画にはさまざまな形で"本物と偽物"の対比が盛りこまれているが、アーノルド・シュワルツェネッガーの大活躍を味わう痛快アクションになっている。脚本は70年代より映画化を構想していたダン・オバノンとロナルド・シュセットの『エイリアン』(79)コンビと、『NEXT —ネクスト—』(07)のゲイリー・ゴールドマン。おもに映画の前半はオバノン、後半はシュセットらが執筆したという。監督は『スターシップ・トゥルーパーズ』(97)のポール・ヴァーホーヴェンで、人混みでの銃撃戦など派手なバイオレンスやシャロン・ストーンら女性陣のラフなファイトにらしさが光る。ミニチュアで外観が作成された火星の居住区などのデザインは『スター・ウォーズ』(77)や『エイリアン』のロン・コッブ。タクシー運転手や火星のミュータント、大女の中からシュワルツェネッガーが出現する特殊メイクや造型は『ロボコップ』(87)のロブ・ボーティンが担当した。2012年にはレン・ワイズマン監督が『トータル・リコール』を製作。記憶を封じ込められた主人公が、独裁者と反乱軍の争いに巻き込まれる映画版のリメイクだった。

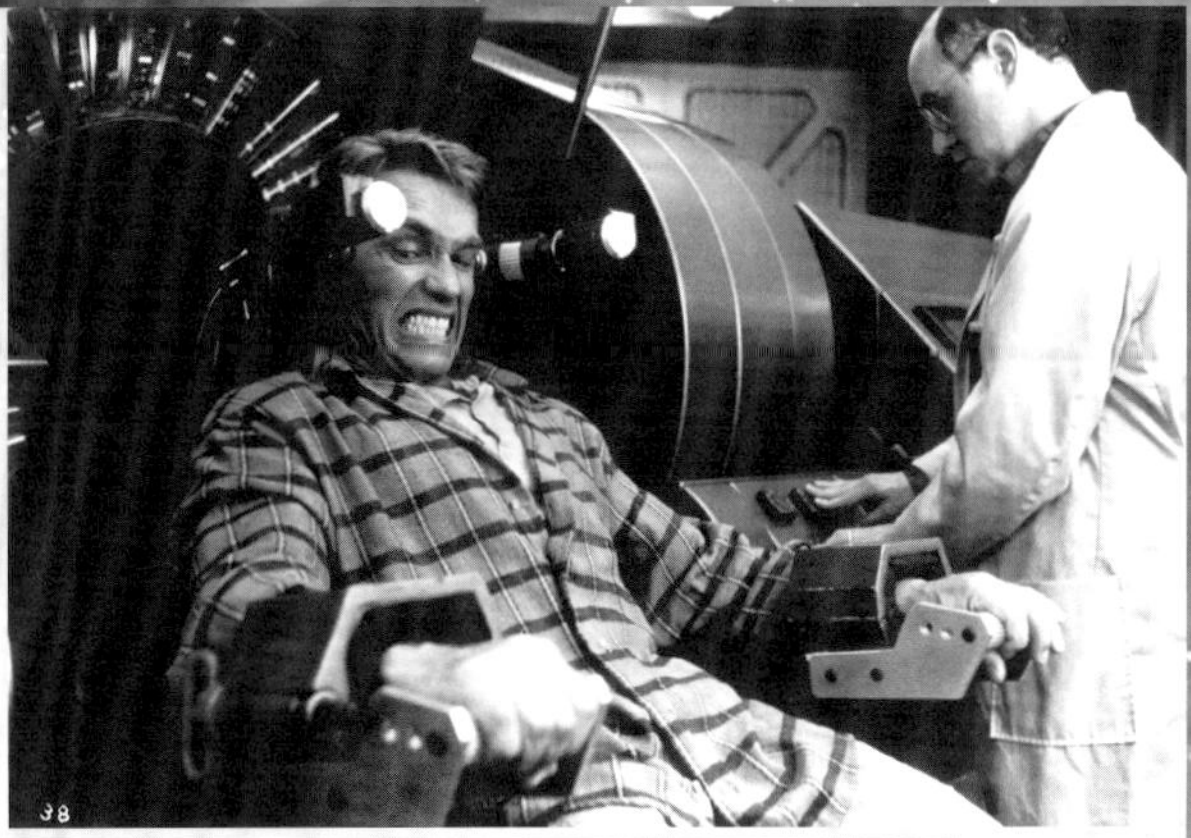

写真協力＝公益財団法人川喜多記念映画文化財団

1990年アメリカ映画／監督＝ポール・ヴァーホーヴェン／出演＝アーノルド・シュワルツェネッガー、レイチェル・ティコティン、シャロン・ストーン／原作＝フィリップ・K・ディック

ハイ・クルセイド
THE HIGH CRUSADE

1994年アメリカ映画／監督＝クラウス・クネーゼル他／出演＝リック・オーヴァートン、ジョン・リス＝デイヴィス、P・プライマー／原作＝ポール・アンダーソン

中世の騎士がエイリアン相手に大暴れするドイツ製アクション・コメディ。14世紀、サラセン人が占拠したエルサレムを奪還する準備をしていたロジャー・ジャーニンガム卿と家臣の前に、ウェルゴチックス星人の宇宙船が飛来。宇宙船を奪い取ったロジャーらはこの船を使ってエルサレムまで飛ぼうとするが、パイロットは仲間が待つウェルゴチックスの前線基地へと進路を取った。原作は、かつてジョージ・パルも映画化に興味を示していたというポール・アンダースンの「天翔ける十字軍」(60)。小説もユーモラスな味わいを持ってはいるが、映画版はドタバタ調の完全なコメディ。前線基地で囚われたロジャー一派の脱出劇に絞った、ファミリー向けエンタメ作という趣だ。ミゼット俳優に特殊メイクを施したウェルゴチックス人は、文明が発達しすぎて体を使った争いごとは大の苦手。光線銃など超兵器を手にしているが、剣や矢を手に突進してくる粗野な騎士に恐れをなして逃げていく。豊富な科学知識を有する異星人と、キリスト教的宇宙論こそ唯一無二とするロジャーの知恵袋・修道士パーバスの珍問答などおかしな見せ場の連続だが、芸達者なコメディ俳優が出ていないのが惜しまれる。製作はセントロポリス・フィルムで、ローランド・エメリッヒと妹ウテ・エメリッヒが製作を担当。監督はおもにTVで活動しているクラウス・クネーゼルとホルガー・ニューハウザーで、ともにエメリッヒの『MOON44』(90)出身のスタッフだ。

スクリーマーズ
SCREAMERS

フィリップ・K・ディックの短編「変種第二号」(53)を映画化したアクションスリラー。惑星シリウスでの危険なエネルギー採掘をめぐり、開発会社NBCと作業中止を求める労働者・科学者の連合が対立。武力による闘争に発展した。NBCは戦場にロボット兵器スクリーマーを投入。自己修復機能を備えたこのマシンは、やがて人間に擬態する能力を身につける。誰が人間で偽者は誰なのか、ディックの味わいを生かした脚本はダン・オバノンで、「追憶売ります」(『トータル・リコール』)とともに70年代より本作に取り組んでいた。制作にあたってミゲル・テハダ=フロレスが脚本に手を加えているが、プロットはオバノン版が生かされた。監督はカナダのクリスチャン・デュゲイ。偽物探しのサスペンスに加え、砂の中を猛スピードで移動してターゲットを文字通り切り刻む容赦ないスクリーマーの攻撃、兵士が子供に化けたスクリーマーの群れを狙撃するなどヘビーな見せ場が盛りこまれた。ノコギリの刃がむき出しのスクリーマーのデザインはコンセプト画家ディーク・フェランド、SFXはシネフェクト、特殊メイクはエイドリアン・モローらスタッフはカナダ勢がメイン。人形アニメのスクリーマーは『チーム★アメリカ／ワールドポリス』(04)のキオド・ブラザーズが担当した。救助信号を受けた部隊がシリウスを訪れる『エイリアン2』(86)タッチの後日談『Screamers: The Hunting』(09)も製作された。

写真協力＝公益財団法人川喜多記念映画文化財団

1996年アメリカ・カナダ・日本合作映画／監督＝クリスチャン・デュゲイ／出演＝ピーター・ウェラー、ロイ・デュプイ、ジェニファー・ルービン／原作＝フィリップ・K・ディック

コンタクト
CONTACT

異星生命体とのコンタクトに挑む女性を描いたロバート・ゼメキスの超大作。電波天文学者エリーは、26光年離れたヴェガ系惑星からの電波をキャッチ。そこに宇宙間移動ポッドの設計図が含まれていることをつきとめる。原作は天文学者カール・セーガンが85年に発表した同名小説で、映画を想定して執筆した物語を自身で小説化したものだ。映画化は一時中断したが、90年代半ば頃ゼメキスの参加で実現。映画はエリーと父に焦点を絞り、父の死により懐疑的になった宗教への思い、政治に長けた人々への反撥をおりまぜながら展開する。頑なで駆け引きが下手なエリーはゼメキスがもっとも得意とするキャラで、「ET探し」「お嬢さん」と揶揄されながらも突き進む姿がドラマチックに描かれる。最大の見せ場はポッドで空間を飛び越えるクライマックス。落下させるというゼメキスの案のもとポッドは球形にデザインされたが、セーガンは原作どおり12面体を要求。球体に12角形体のバンパーを付ける形で決着した。SFXはソニー・ピクチャーズ・イメージワークスを中心に、ワームホールの映像にILMやWETAデジタルも参加。当時の大統領ビル・クリントンが何度か登場するが、知的生命体とのコンタクトを発表した時の映像は、1996年にNASAが発見した火星生物の化石らしき物体についての記者会見の映像が、コメントを含め俳優たちに合成された。セーガンは映画の完成を見届けることなく96年に死去。映画は彼に捧げられた。

1997年アメリカ映画／監督＝ロバート・ゼメキス／出演＝ジョディ・フォスター、マシュー・マコノヒー、ジョン・ハート／原作＝カール・セーガン

発売元＝ワーナー・ブラザース ホームエンターテイメント

オール・ユー・ニード・イズ・キル
EDGE OF TOMORROW

時間のループをくり返す兵士を描いた戦争アクション。謎の侵略者〝ギタイ〟との戦争のさなか、戦場で息絶えたケイジ少佐は次の瞬間、死の前日に目を覚ます。死ぬことで繰り返されるループに囚われたケイジは、やがて戦場で大活躍する女性兵士リタも〝死のループ〟の経験者だと知る。桜坂 洋の「All You Need Is Kill」(04)を原作とする本作は、ゲームのように死をくり返しながらスキルを上げていく兵士の物語。映画版ではケイジとリサが部隊の仲間の協力を得て、敵の親玉オメガ・ギタイに戦いを挑む。パズルのようなミステリアスな展開と、ダグ・リーマン監督らしいダイナミックな画作り、ループの中で成長していく小心者を演じたトム・クルーズの熱演も手伝って、正統派ヒーロー映画に仕上がった。見どころは高速で暴れまわるギタイとのバトル。メインの戦場となるフランス海岸地帯の攻防戦は、近未来版ノルマンディー上陸作戦といった趣で、数々の装備を積んだ〝機動スーツ〟を着た無数の兵士とギタイが白兵戦を繰り広げる。実写指向のリーマンと、自身が動く姿を見せたいというクルーズの要望で、機動スーツはCGではなく造型物で撮影された。デザインと制作はノーラン版バットスーツや『ブラック・ウィドウ』(21)などを手がけたピエール・ボハナが担当。原作やコミカライズに比べ身体の露出度が高く、肉体の補助・拡張システムというイメージだが、それが過酷な戦闘シーンを盛り上げた。

2014年アメリカ映画／監督＝ダグ・リーマン／出演＝トム・クルーズ、エミリー・ブラント、ビル・パクストン／原作＝桜坂 洋

デジタル配信中
発売元＝ワーナー・ブラザース ホームエンターテイメント
販売元＝NBC ユニバーサル・エンターテイメント

メッセージ
ARRIVAL

地球に飛来した知的生命体とのコンタクトを描いた、ドゥニ・ヴィルヌーヴ監督のヒューマンドラマ。ある日、世界の12の場所に宇宙船が出現。各国は情報を共有しながら、独自に彼らとの接触を開始する。死んだ娘の記憶を抱えた言語学者ルイーズは、米軍の要請を受け理論物理学者ドネリーとともにエイリアン〝ヘプタポッド(7脚)〟の言語の解析に取り組む。原作はテッド・チャンの中編「あなたの人生の物語」(98)で、映画では小説で詳しく解説された変分原理まわりをカット。未来が見えるルイーズの特殊な力を中心に、現場チームと政治家たちの思惑を絡めて展開する。ヘプタポッドを敵と見なした中国人民解放軍の攻撃開始が迫る中、ルイーズたちは来訪者の真意を解明できるか？ 終盤は秒刻みのサスペンスという映画的見せ場で盛り上げた。美術は『DUNE/デューン 砂の惑星』を含むヴィルヌーヴ主要作品を手がけたパトリス・ヴァーメットが担当し、楕円形の黒い塊のようなシンプルな外観と、古代遺跡を思わせる内装を持つ幻想的な宇宙船をデザイン。ヘプタポッドが使う円い表意文字は彼の妻で芸術家のマルティーヌ・ベルトランドが考案した。ヘプタポッドのデザインは『ブレードランナー 2049』(17)でガラスケースに収められた旧式レプリカントを手がけた、キャラクターデザイナーのカルロス・ファンテが担当。原作をベースに、滑らかな黒い塊からクモのような7本の足が伸びた神秘的なエイリアンを生みだした。

2016年アメリカ映画／監督＝ドゥニ・ヴィルヌーヴ／出演＝エイミー・アダムス、ジェレミー・レナー、フォレスト・ウィテカー／原作＝テッド・チャン

デジタル配信中
発売・販売元＝ソニー・ピクチャーズ エンタテインメント

文　有澤真庭
猿渡由紀
清水 節
神武団四郎
豊田有恒
長坂陽子
はせがわいずみ
平沢 薫
町田敦夫
渡辺麻紀

デザイン　大谷昌稔（大谷デザイン事務所）
英文テキスト　Zeta Image
写真　Zeta Image／AFLO／公益財団法人川喜多記念映画文化財団
協力　アップリンク
IVC
株式会社スキップ
ソニー・ピクチャーズ エンタテインメント
株式会社ハピネット・メディアマーケティング
ワーナー・ブラザース映画
ワーナー・ブラザース ホームエンターテイメント

FLIX SPECIAL
『DUNE/デューン 砂の惑星』大特集

2021年10月1日　第1版発行

編者　フリックス編集部
発行人　唐津 隆
発行所　株式会社ビジネス社
〒162-0805　東京都新宿区矢来町114番地　神楽坂高橋ビル5階
電話　03（5227）1602（代表）　FAX　03（5227）1603
http://www.business-sha.co.jp
印刷・製本　大日本印刷株式会社
編集担当　松下元綱　藤沢知子
営業担当　山口健志

ISBN978-4-8284-2326-5